Ｊ３初制覇　Ｊ２昇格

創設15年　歴史的快挙

リーグ制覇とＪ２昇格を決め、ファンと喜ぶＦＣ琉球イレブン＝11月３日午後８時17分、タピック県総ひやごんスタジアム

試合終了後、喜びを分かち合うＦＣ琉球イレブン＝11月３日、タピック県総ひやごんスタジアム

上門覚醒2得点

前半36分、ＭＦ上門知樹が右足でミドルシュートを決める

開幕戦「超攻撃」の４発

試合詳報→ 39 頁

第１節　３月11日

沖縄県総合運動公園陸上競技場

ＦＣ琉球	４ ― ３	カターレ富山

左サイドを駆け上がり攻撃参加するDF徳元悠平

開幕戦勝利で選手を出迎える金鍾成監督

播戸　歓喜の決勝弾

後半29分、決勝ゴールを決め喜ぶ播戸竜二（中央）＝西日本新聞社提供

試合詳報→41頁

第2節　3月17日

ミクニワールドスタジアム北九州

ギラヴァンツ北九州	1 — 2	ＦＣ琉球

播戸2戦連発

後半35分、FW播戸竜二がクロスに合わせ、ヘディングシュートを決める

カルボンデビュー

後半途中出場でデビューしたカルボン・ファーデル

第3節　3月21日
沖縄県総合運動公園陸上競技場

FC琉球	2—2	ガイナーレ鳥取

ロスタイムに追い付かれ引き分け

試合詳報→42頁

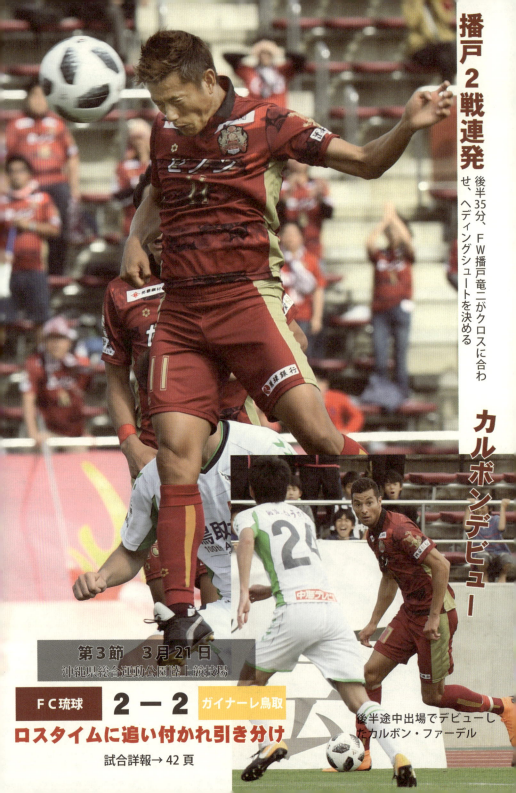

後半 34 分、ゴールを決めて喜ぶ琉球のＭＦ枝本雄一郎（中央）＝上毛新聞社提供

第4節　3月25日
正田醤油スタジアム群馬

ザスパクサツ群馬　0 − 2　ＦＣ琉球

枝本　古巣に“恩返し”

試合詳報→ 44 頁

後半 35 分、琉球の増谷幸祐（手前）と瀧澤修平（右）が懸命に守るが、
福島のニウドに２点目のゴールを奪われる＝福島民報社提供

第５節　4月１日
とうほう・みんなのスタジアム

悔しい初黒星

試合詳報→ 45 頁

福島ユナイテッドＦＣ　2 − 1　ＦＣ琉球

前半11分、富樫佑太（奥）が先制点を決める

富樫が先制点

体を張ったプレーで守備陣をけん引するDF増谷幸祐

試合詳報→46頁

第6節　4月7日

沖縄県総合運動公園陸上競技場

FC琉球	1－1	セレッソ大阪U－23

終了間際の被弾でドロー

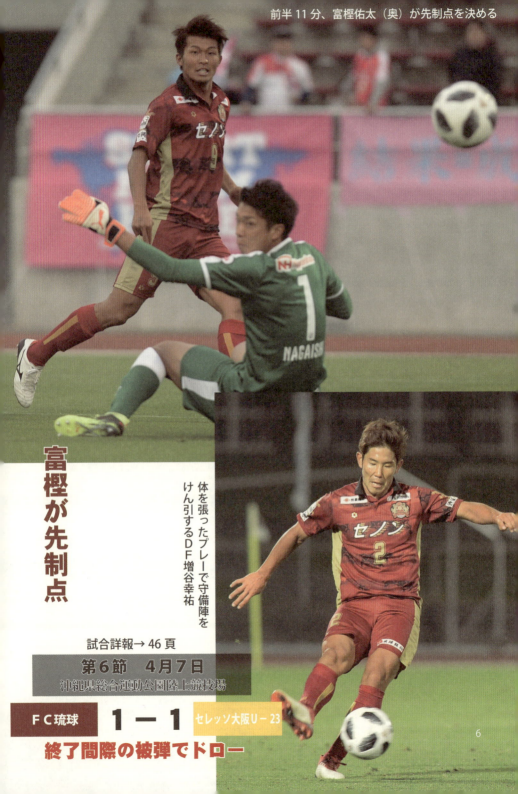

後半27分、西岡大志がヘディングシュートを決める＝南日本新聞社提供

第7節　4月14日
白波スタジアム

鹿児島ユナイテッドＦＣ	2 — 1	ＦＣ琉球

反撃及ばず2敗目

試合詳報→48頁

第8節　4月29日
三ツ沢球技場

ＹＳＣＣ横浜	3 — 2	ＦＣ琉球

試合詳報→50頁

今季初の連敗　8位後退

後半8分、MF枝本雄一郎が2点目のシュートを決める

後半5分、先制点を決め、両手を広げて喜ぶMF富所悠

第9節　5月3日
沖縄県総合運動公園陸上競技場

FC琉球	2－1	ガンバ大阪U－23

5試合ぶりの勝利

試合詳報→51頁

右サイドで好機をつくったDF金成純

前半、左サイドを突破し、クロスを上げるＤＦ徳元悠平（右）

後半、相手ボールを奪う瀧澤修平

ヘディングで相手攻撃を防ぐＭＦ知念雄太朗

試合詳報→ 52 頁

第 10 節　5月6日
沖縄県総合運動公園陸上競技場

ＦＣ琉球	0 ― 0	ブラウブリッツ秋田

昨季Ｊ３王者相手に無失点

後半 20 分、和田凌がシュートを決める

第 12 節　6月 2 日
沖縄県総合運動公園陸上競技場

ＦＣ琉球	2 － 0	ＡＣ長野パルセイロ

快勝で 4 位浮上

試合詳報→ 57 頁

後先制点を決めた和田凌（中央）を囲み祝福するチームメートやコーチ、監督

相手ゴール前で攻め込むＦＣ琉球のＭＦ中川風希（13）＝エムアイプランニング撮影

後半38分、MF富樫佑太が5点目を決める

ボランチで奮闘したMF朴利基

富樫4ゴール

第13節　6月10日
ギオンスタジアム

試合詳報→58頁

今季最多得点で2位に

ＳＣ相模原	2－5	ＦＣ琉球

好セーブでピンチを切り抜けるＧＫ朴一圭＝エムアイプランニング撮影

試合詳報→60頁

ドローで3連勝逃す

第14節　6月16日
夢の島競技場

ＦＣ東京Ｕ－23	1－1	ＦＣ琉球

朴が決勝ヘッド

後半38分、シュートを決めスタンドのサポーターにアピールする朴利基（中央）

第15節　6月23日
沖縄県総合運動公園陸上競技場

沼津の堅守崩し2位浮上

試合詳報→61頁

ＦＣ琉球	1－0	アスルクラロ沼津

前半、デフェンスと競り合いシュートを狙う富樫佑太

前半35分、ＦＫからシュートを決めた
富所悠＝岩手日報社提供

第16節　7月1日
いわぎんスタジアム

グルージャ盛岡	1 ― 4	ＦＣ琉球

中川ハットトリック
２位堅持

試合詳報→63頁

後半35分、頭で2点目を決め、仲間と喜ぶ中川風希（右）＝岩手日報社提供

後半41分、3点目の和田凌駄目押し弾

試合詳報→ 64 頁

第 17 節　7月7日

タピック県総ひやごんスタジアム

七夕の夜　鮮やか３発

ホームの「沖縄県総合運動公園陸上競技場」は7月より命名権（ネーミングライツ）導入で「タピック県総ひやごんスタジアム」に

ＦＣ琉球　3 — 0　藤枝ＭＹＦＣ

第 18 節　7月 16 日

あきぎんスタジアム

ブラウブリッツ秋田　0 — 1　ＦＣ琉球

Ｊ３参入後初の４連勝

試合詳報→ 66 頁

後半、自陣ゴール前で体を張って守る増谷幸祐（中央）
＝秋田魁新報社提供

↑前半30分、2点目を決める富樫佑太

後半18分　キーパーがはじいたボールを押し込み、先制点を決める富樫佑太（左）

第19節　7月21日
タピック県総ひやごんスタジアム

試合詳報→67頁

ＦＣ琉球　1 — 1　ＹＳＣＣ横浜

富樫先制も終了間際追い付かれる

後半、和田凌のシュートはキーパーに止められる

枝本逆転弾

後半25分、勝ち越しの3点目を決めて喜ぶ枝本雄一郎（左）

第20節　8月25日
タピック県総ひやごんスタジアム

ＦＣ琉球	5－2	グルージャ盛岡

5発で首位快走

試合詳報→ 68 頁

前半、ディフェンスで相手の攻撃を止める滝澤修平（中央）

後半、鋭い飛び出しでピンチの芽を摘むＧＫ朴一圭（左）＝静岡新聞社提供

第21節　9月2日

藤枝総合運動公園サッカー場

藤枝ＭＹＦＣ　0－1　ＦＣ琉球

12試合負けなし

試合詳報→70頁

前半、ディフェンスを振り切りセンタリングを上げる徳元悠平

試合終了間際、勝ち越し点を決め、担がれながら祝福される中川風希（右から３人目）

後半、途中出場し、ボールをキープする上門知樹＝球団提供

第23節　9月15日
パナソニックスタジアム吹田

ガンバ大阪U－23　2－0　FC琉球

試合詳報→71頁

14試合ぶり黒星

ゴール前で競り合う増谷幸祐（右）

第22節　9月8日
タピック県総ひやごんスタジアム

FC琉球　3－2　FC東京U－23

最終盤に決勝弾

試合詳報→70頁

第24節　9月22日

タピック県総ひやごんスタジアム

ＦＣ琉球	4 − 0	鹿児島ユナイテッドＦＣ

首位攻防戦制す４発

試合詳報→ 73 頁

後半ロスタイム、４点目となるＦＫを直接決める富所悠

鹿児島ユナイテッドＦＣに勝利し喜ぶイレブン

後半、ヘディングで３点目を奪い、喜ぶ増谷幸祐

第 25 節　9月 30 日
愛鷹広域公園多目的競技場

アスルクラロ沼津　1 ― 4　ＦＣ琉球

３位相手に圧勝　首位快走

試合詳報→ 75 頁

GK朴が好セーブ連発

第26節　10月6日
タピック県総ひやごんスタジアム

FC琉球	1－0	ギラヴァンツ北九州

試合詳報→77頁

前半、前に出てシュートを防ぐGK朴一圭

ホーム戦9勝4分

後半、ドリブルで突破するMF中川風希

↑前半ロスタイム　ディフェンスを振り切り、3点目のシュートを決める中川風希

第27節　10月13日
タピック県総ひやごんスタジアム

ＦＣ琉球	3 — 0	福島ユナイテッドＦＣ

積極攻撃　前半で一気

試合詳報→78頁

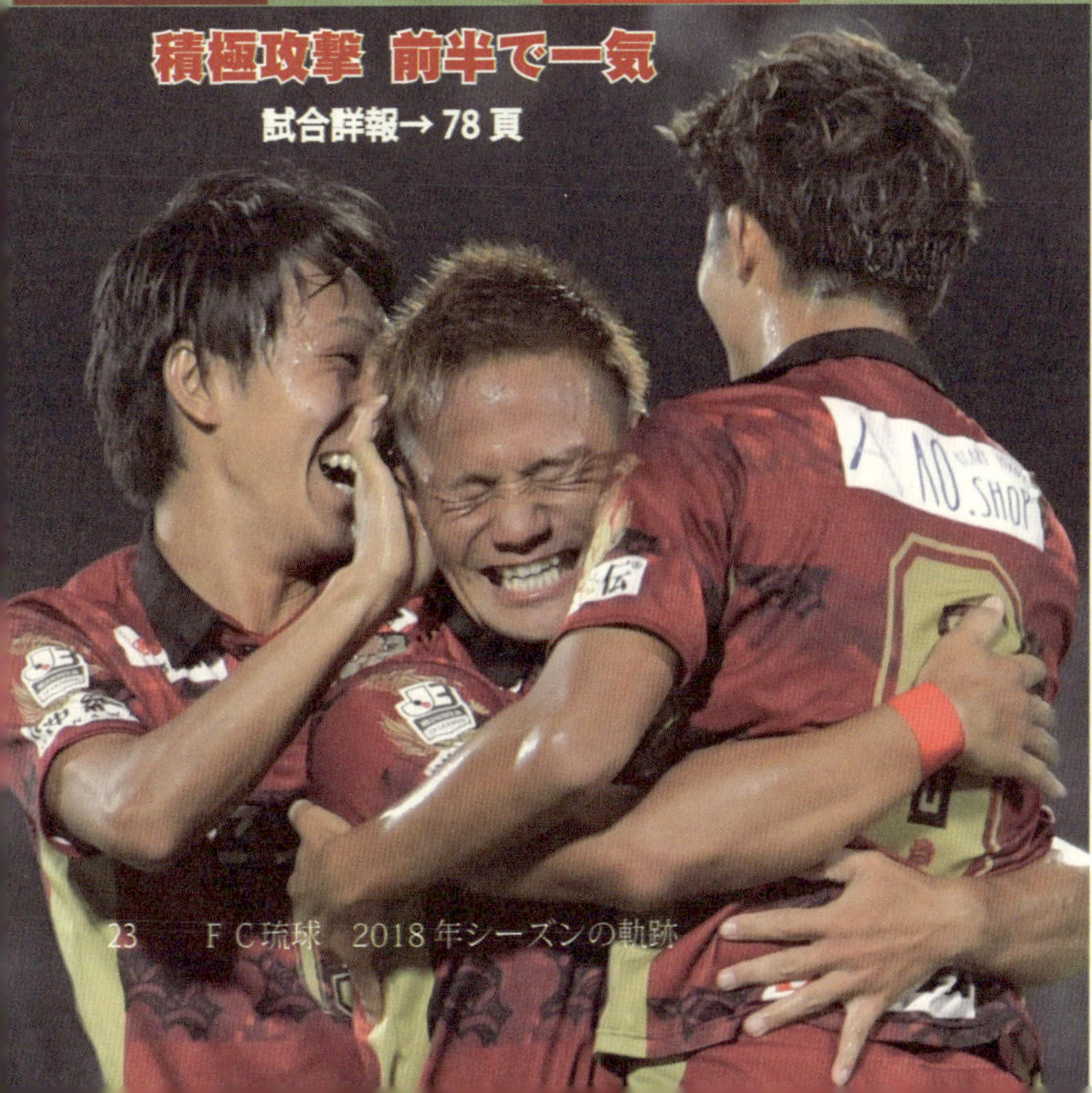

徳元、先制弾

前半18分　先制点を決め喜ぶ徳元悠平（中央）

ゴール前で競り合う富樫佑太（中央）＝新日本海新聞社提供

第28節　10月20日
とりぎんバードスタジアム

ガイナーレ鳥取　1 ― 3　ＦＣ琉球

逆転5連勝　Vロード快走

試合詳報→ 79 頁

枝本諦めない心

試合終了間際にシュートを放つ枝本雄一郎＝エムアイプランニング撮影

試合詳報→ 80 頁

第29節　10月28日
長野Uスタジアム

ＡＣ長野パルセイロ　1 ― 1　ＦＣ琉球

終了間際　執念のドロー

和田が奮闘

後半、ヘディングシュートを放つ和田凌＝エムアイプランニング撮影

後半、相手ディフェンスと競り合う西岡大志（右）＝エムアイプランニング撮影

「歓喜」目前に

後半4分、富樫佑太（中央）が3点目を決め、中川風希（左）、和田凌と喜び合う

後半、ロングシュートを弾いて阻止するFC琉球のGK朴一圭

第30節　11月3日
タピック県総ひやごんスタジアム

FC琉球	4	2	ザスパクサツ群馬

J3初制覇　悲願実る

試合詳報→83頁

シュートを狙う播戸竜二

後半4分、富樫佑太が3点目のシュートを決める

前半、左サイドをドリブル突破するMF富所悠

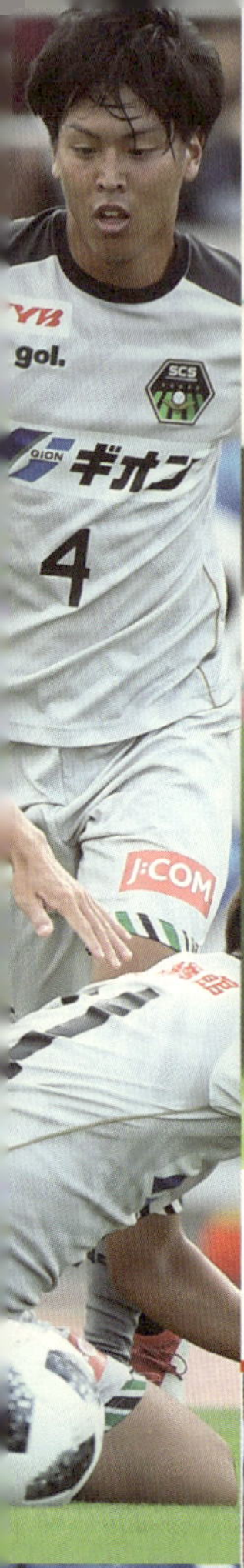

後半シュートを放つ高柳昌賢＝球団提供

第31節　11月11日
ヤンマースタジアム長居

セレッソ大阪U－23	6 － 0	FC琉球

試合詳報→88頁

8戦ぶり黒星は大敗

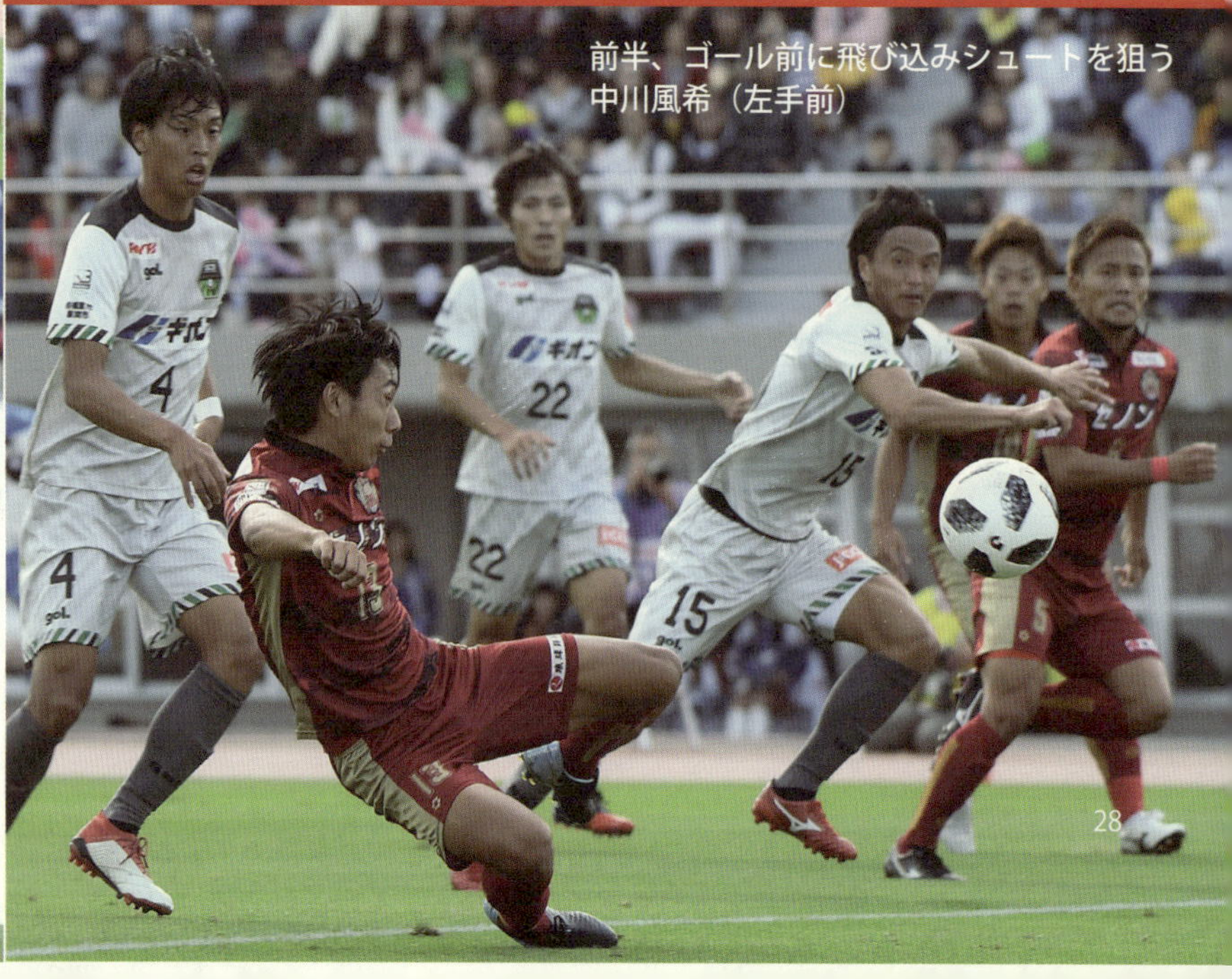

前半、ゴール前に飛び込みシュートを狙う中川風希（左手前）

後半33分、コーナーキックから同点弾を決めるＤＦ増谷幸祐（2）

試合詳報→95頁

第34節　12月2日
富山県総合運動公園陸上競技場

カターレ富山	2－1	ＦＣ琉球

最終戦は飾れず

後半、シュートを放つＭＦ大塚翔

大塚、地元で初陣

ドリブル突破を狙う枝本雄一郎（中央）

試合詳報→89頁

第33節　11月23日
タピック県総ひやごんスタジアム

ＦＣ琉球	5－1	ＳＣ相模原

怒濤の５発　ホーム無敗を達成

正確なパス回しで勝利に貢献した小松駿太

共に勝利を　応援の力と支える人々

優勝とＪ２昇格を喜ぶＦＣ琉球サポーター＝11月3日午後8時4分、沖縄市・タピック県総ひやごんスタジアム

Ｊ３優勝、Ｊ２昇格を選手と喜ぶ倉林啓士郎社長＝11月3日

声援を送るＦＣ琉球関東隊＝９月30日、静岡県

ハーフタイムに登場し、観客を盛り上げる琉球ボンバーズとＦＣ琉球公式マスコットのジンベーニョ

11月24日　優勝パレード

子どもたちと一緒にパレードする選手ら＝沖縄市

12月3・4日「ＦＣ琉球 15 年の軌跡展示会＆選手トークショー」

トークショーでファンにサイン入りポスターを贈る（左から）増谷幸祐、西岡大志、中川風希の３選手＝那覇市久茂地・タイムスビル

優勝トロフィー（左）とシャーレ（右
奥は今季のユニホーム

C琉球の軌跡

2003年 ●**沖縄かりゆしＦＣの元メンバーを中心に「沖縄初のＪクラブ」を目指して発足。運営会社として琉球スポーツキングダムが設立。**選手兼監督に新里裕之氏。

04年 ●３万人の署名と県３部北リーグでの内容が評価され、県協会推薦で飛び級での県リーグ１部参入。**元日本代表の与那城ジョージ氏が監督就任。**ヴェルディ川崎などに在籍した藤吉信次が入団。県社会人選手権準優勝。天皇杯県予選、県リーグ１部を制覇。

05年 ●九州各県リーグ決勝大会を制し、九州リーグへ昇格（ホーム開幕戦で3128人、ホームゲーム５試合で平均４千人を超える動員を記録）。九州リーグで準優勝。全国地域リーグ決勝大会に進出し、Ｖ。**翌年からのＪＦＬ昇格が決定。**

06年 ●**県から初のＪＦＬ参入。**１年目は14位。３季指揮を執った与那城監督が退団。

07年 ●監督に吉澤英生氏就任。ＪＦＬ２年目は17位。同季限りで吉澤氏が退任。

08年 ●**元日本代表監督のトルシエ氏が総監督。監督にラビエ氏。**ＪＦＬ３年目は16位。ラビエ氏が退任。

09年 ●コーチだった新里裕之氏が監督に。経営母体が琉球スポーツキングダムから沖縄ドリームファクトリーに移管。ＪＦＬ４年目も昨季に続き16位。

10年 ●「沖縄初のＪリーグチームを誕生させる会」が16万4856の署名を集め、県総の改修を県に要望。ＪＦＬ５年目は10位。

11年 ●**元日本代表の我那覇和樹ら加入。**ＪＦＬ６年目は９位。３季監督を務めた新里氏が退団。

12年 ●鳥取の監督だった松田岳夫を招聘。「１万人祭り」で県総に１万1658人を動員。ＪＦＬ７年目で９位。松田監督は１年で退団。

13年 ●長野の薩川了洋氏が監督就任。下地良氏が社長に。榊原信行氏と２代表制に。Ｊリーグが「Ｊ３」発足を発表。１万人祭りで１万116人が来場。球団運営を新会社「琉球フットボールクラブ株式会社」に。Ｊリーグが準加盟を承認。10月にはクラブライセンス、同スタジアムライセンスの承認を得る。**11月にＪ３入会決定。**ＪＦＬ８年目は11位。

14年 ●Ｊ３開幕。初年度は１２チーム中９位。

15年 ●県総がＪ２規格の競技場に。ＧＭに10～12年の田部和良氏（故人）以来、李済華氏が就任。社長に那覇市の元助役などを務めた山川一郎氏。ユースチーム監督に元Ｊリーガーの喜名哲裕氏（現コーチ）が就任。薩川監督が３季で退団。13チーム中、９位。来季の監督にジュニアユース（Ｕ―15）の監督だった金鍾成氏の就任を発表。

16年 ●尹泳斗氏が社長兼会長に。金監督１年目は16チーム中、８位。新社長にスポンサー企業社長の倉林啓士郎氏が就任。

17年 ●**Ｊ２クラブライセンス（是正通達付き）を初申請で取得。**金監督２年目は過去最高の６位。

18年 ●クラブ発足から15周年目。元日本代表の播戸竜二が加入。**金監督３年目の指揮でＪ３優勝とＪ２昇格。**

ＦＣ琉球 2018 シーズン

日付	節	対戦相手（H＝ホーム、A＝アウェー）	勝敗	スコア	トピック
3月11日	第1節	富山（H）	○	4―3	4ゴールで開幕白星
17日	第2節	北九州（A）	○	2―1	播戸のゴールで2連勝
21日	第3節	鳥取（H）	△	2―2	播戸2戦連発もドロー
25日	第4節	群馬（A）	○	2―0	枝本が駄目押し、首位に
4月 1日	第5節	福島（A）	●	1―2	初黒星
7日	第6節	セ大阪U23（H）	△	1―1	終了間際に白星逃す
14日	第7節	鹿児島（A）	●	1―2	2敗目
29日	第8節	YS横浜（A）	●	2―3	今季初の連敗、8位降下
5月 3日	第9節	ガ大阪U23（H）	○	2―1	富所・枝本が2発
6日	第10節	秋田（H）	△	0―0	今季初のスコアレス
6月 2日	第12節	長野（H）	○	2―0	和田Ｊ初ゴール、4位に
10日	第13節	相模原（A）	○	5―2	富樫4得点で逆転勝利
16日	第14節	F東U23（A）	△	1―1	3連勝逃す
23日	第15節	沼津（H）	○	1―0	朴利基が頭で決勝弾
7月 1日	第16節	盛岡（A）	○	4―1	中川がハットトリック
7日	第17節	藤枝（H）	○	3―0	暫定首位浮上
16日	第18節	秋田（A）	○	1―0	J3で初の4連勝
21日	第19節	YS横浜（H）	△	1―1	今季5度目の引き分け
8月25日	第20節	盛岡（H）	○	5―2	2度追い付き逆転勝利
9月 2日	第21節	藤枝（A）	○	1―0	富樫が得点１位に並ぶ
8日	第22節	F東U23（H）	○	3―2	3連勝で13試合負けなし
15日	第23節	ガ大阪U23（A）	●	0―2	約5カ月ぶりの黒星
22日	第24節	鹿児島（H）	○	4―0	首位決戦4発で制す
30日	第25節	沼津（A）	○	4―1	3位沼津に快勝
10月 6日	第26節	北九州（H）	○	1―0	中川の決勝弾でホーム9勝
13日	第27節	福島（H）	○	3―0	ホーム戦10勝達成
20日	第28節	鳥取（A）	○	3―1	初の5連勝を果たす
28日	第29節	長野（A）	△	1―1	J2昇格を持ち越し
11月 3日	第30節	群馬（H）	○	4―2	J3優勝とJ2昇格決定
11日	第31節	セ大阪U23（A）	●	0―6	大量6失点で8試合ぶり黒星
23日	第33節	相模原（H）	○	5―1	Jリーグ2例目のホーム無敗達成
12月 2日	第34節	富山（A）	●	1―2	ロスタイムに決勝点許す

ホーム最終戦を終え、ファンにあいさつする朴一圭キャプテン。彼のメッセージは 122 頁参照

沖縄タイムス・ブックレット21

奇跡のクラブ　ＦＣ琉球

Ｊ３制覇・Ｊ２昇格の記録と
15年間の軌跡

軌跡のクラブ　FC琉球●もくじ

グラフ特集　FC琉球　2018年シーズンの軌跡

I　栄光と歓喜と　記事で読む2018年の軌跡

II　軌跡と奇跡　FC琉球・サイドストーリー

Ⅲ　ＦＣ琉球・15年の軌跡

Ⅰ　栄光と歓喜と　記事で読む２０１８年の軌跡

本章はＦＣ琉球とその運営会社、琉球フットボールクラブの動きを「沖縄タイムス」掲載の記事または見出しで時系列にまとめた。年齢・肩書などはすべて掲載時のもの。

1・9
9選手加え始動　新体制発表会見

クラブ発足から15周年を迎えたサッカーＪ３のＦＣ琉球が9日、那覇市内で２０１８年シーズンに向けた新体制発表の会見を開いた。今年のスローガンは「15年分の想いを『Ｊ２昇格』という形に」との思いを込めた「琉球昇竜《しょうりゅう》」。指揮官３年目の金鍾成（キン・ジョンソン）監督や倉林啓士郎社長が意気込みを述べたほか、新加入選手の紹介、新ユニホームのデザイン発表などがあった。

琉球は昨季、Ｊ３最高の6位でシーズンを終えた。藤澤典隆主将や田辺圭佑、才藤龍治ら主力が移籍でチームを去る中、9日現在で9人が新加入した。

金監督は「これまでの『攻撃的なサッカー』や『3対1で勝つサッカー』というコンセプトを共有しながら、具体的に結果にコミットする。３年目でファンやサポーターを含め全体でその方向性を見るスタートに立てたと感じている」と切り出した。

主力の移籍や選手の新加入については「琉球がチームとして成熟してきた結果」と前向きに捉えた上で「積極的なサッカーは変わらずにやっていく」と意気込んだ。

藤枝ＭＹＦＣから加入したＭＦ枝本雄一郎は「得点やアシストなど目に見える結果を出してチームに貢献したい」、城西国際大から加入する県出身のＤＦ徳元悠平（那覇西高出）は「対人プレーの強さやロングスローが持ち味。１年目からアシストを重ねて結果を残したい」とそれぞれ抱負を述べた。

県サッカー協会の具志堅朗会長は「ホーム戦での勝率を60％以上に上げてほしい。さらに総得点は50点台で、失点を20点台に抑えることが必要だろう。ぜひJ2に昇格して県民に良い知らせができるよう期待している」とエールを送った。

会見では、倉林社長が新ユニホームを紹介。両肩に守り神のシーサーが入り、ボーダー部分に伝統の琉球紅型から着想を得たデザインがあしらわれている。

今季のチームは10日午前9時半から北谷公園陸上競技場で始動する。

新加入の選手に囲まれ、J2昇格に向けた意気込みを語ったFC琉球の金鍾成監督（後列左から2人目）と倉林啓士郎社長（同中央）ら＝県体協スポーツ会館

金成純、新加入

サッカーJ3のFC琉球は9日、朝鮮大学校から愛知出身のMF金成純（キム・ソンスン）（22）が新加入すると発表した。金は北朝鮮U—23代表選手。

168センチ、61キロ。愛知朝鮮中高級学校卒業後、朝鮮大学校に進んだ。北朝鮮U—19、U—20世代での代表歴もある。同日に開幕したAFC（アジアサッカー連盟）U—23選手権にも出場する。

1・13 J2昇格へ必勝祈願

サッカーJ3のFC琉球は13日、中城村の沖縄成田山福泉寺で今シーズンの必勝祈願を行った。FC琉球の李済華（リ・ジェファ）GMや金鍾成（キン・ジョンソン）監督、トップチームの選手のほか、下部組織の子どもたち約120人、スタッフが参拝した。

2・7
通信制高校開校へ　Jクラブで初

サッカーJ3のFC琉球を運営する琉球フットボールクラブ（倉林啓士郎社長）は、高校卒業資格が取得できる通信制の教育施設「FC琉球高等学院」を4月、ホームタウンの沖縄市安慶田に開校させる。Jクラブが直接、教育施設を運営するのは初めてという。

3・5
ラッピングバス公開
キックオフパーティー開催

3・8
FC琉球大使にオレンジレンジ

サッカーJ3のFC琉球は8日、ホームタウンの沖縄市出身のロックバンド「ORANGE　RANGE」（オレンジレンジ）がアンバサダー（大使）に就任すると発表した。公式応援ソングとして書き下ろした新曲「Ryukyu　Wind」の起用も決まった。11日に県総合運動公園陸上競技場で行われるホーム開幕戦で解禁となる。

オレンジレンジのHIROKIは「単純にFC琉球の一ファンとして、同じ沖縄市を中心に活動する者として、一緒に沖縄を盛り上げていければ」とし「新曲が選手の背中を押す風となるよう願いを込めた。サポ

エンブレムやクラブマスコットのジンベーニョなどのラッピングを全面に施した

ーターの思いを乗せて、巻き起こせ琉球の風！」とエールを送った。

3・9掲載 ジンベーニョ 人気じわり

FC琉球の公式マスコットキャラクター「ジンベーニョ」が2月に発表されたJリーグマスコット総選挙で、51キャラクター中16位に食い込んだ。じわりと人気上昇中のようで、J3勢では1番人気だった。

3・11 シーズン開幕戦に勝利 富山に4―3

サッカーの明治安田生命J3のFC琉球（昨季6位）は11日、県総合運動公園陸上競技場でカターレ富山（昨季8位）と今季開幕戦を戦い、4―3で勝ち白星スタートした。

琉球は前半30分にMF富樫佑太、同36分に県出身のMF上門知樹、同43分に中川風希の3ゴールで折り返した。後半は昨季、琉球に所属した富山のFW才藤龍治にゴールを許したが、2分後に上門が加点。最後は富山に1点差に詰め寄られるが逃げ切った。

試合前には東日本大震災の犠牲者を追悼する黙とうがあった。

琉　球　4（3―0／1―3）3　富　山

琉球1勝（3）富山1敗（0）

▽得点者【琉】富樫（1）上門2（2）中川（1）【富】才藤2（PK1）（2）谷奥（1）

▽沖縄県陸　▽観衆　4815人

「超攻撃」上門覚醒2得点

プロ3年目、うるま市出身で20歳のMF上門知樹が〝覚醒〟の2ゴール、1アシスト。3得点に絡む活躍ぶりで開幕戦白星の立役者となった。

1―0の前半36分、上門はペナルティーエリア外から右足を振り抜き、J初ゴール。ベンチに走り、上門にハッパを掛け続けてきた金鍾成監督の胸に飛び込んだ。

同43分にはFW中川風希のゴールをお膳立てした上

門は、3－1で迎えた後半16分、シュートのこぼれ球に反応し、豪快に決めた。

金監督や新加入の元日本代表FW播戸竜二から積極的にシュートを放つよう言われていた。「そういった言葉が励みになった。ゴールの歓声が一番の喜びになったので、今後も結果を残したい」と笑顔。与勝高時代から注目してきた上門の活躍に、金監督は「非常にうれしい」と喜ぶと同時に「レギュラーを確保したわけではない。やっとスタートラインに立った」とさらなる奮起を促した。

チーム全体も多くの選手が攻撃に関わった。「ゴールへの迫力が昨年より増している」と守護神の朴一圭主将。3失点したが、それ以上に「超攻撃」の片りんをうかがわせ、今季の期待が膨らむ開幕戦となった。

（新垣亮）

〝Jデビュー〟徳元存在感

城西国際大から新加入した糸満市出身のDF徳元悠平が左サイドバックで先発フル出場し〝Jデビュー〟を果たした。

徳元は那覇西高3年の2014年には主将としてチームを引っ張り、全国選手権に出場し16強入りに貢献した。

デビュー戦も相手に競り負けず、裏を狙うパスにも冷静に反応した。積極的な攻め上がりも武器の一つで、味方とのパス交換で相手ペナルティーエリア内に進入する場面をつくるなど存在感を示した。3失点を反省しつつ「（DFの）僕たちが抑えれば、前は点を取ってくれるので信じてプレーする」と意気込む。

デビュー戦の出来は前半での攻め上がりが少なかったと「60点」と評価。金鍾成監督も「もっとできる」と信頼を寄せる存在だけに、これからの活躍に注目が集まりそうだ。

徳元プロ初戦　家族ら見守る

DF徳元悠平のプロデビューをスタンドから家族や仲間が見守った。

試合前、家族らの存在に気付きスタンドに手を振った徳元。祖父の健也さん（74）は「動きが硬かったが、最後まで試合に出続けてよく頑張った」と褒め「サッカーを始めた頃からの目標だったプロとしての姿を見せてもらって感無量だ。頑張れば夢がかなうということを示してくれた」と目を細めた。

那覇西高時代の同級生、與儀孝大さん（22）＝那覇市＝は「普段なら安心して見ていられるけどプロとしてのデビュー戦で、ボールに絡むたびにハラハラした。これからも試合に出続けて活躍しチームをＪ２に昇格させる立役者になってほしい」と期待した。

3・17 開幕2連勝　北九州に2－1

サッカーの明治安田生命Ｊ３は17日、各地で第2節が行われた。ＦＣ琉球（昨季6位）は福岡県・ミクニワールドスタジアム北九州でギラヴァンツ北九州（昨季9位）と対戦し、2－1で勝利。開幕2連勝とした。

琉球は前半19分、大卒ルーキーで県出身のＤＦ徳元悠平のゴールで先制。しかし同39分、昨季琉球に所属した北九州のＦＷ前田央樹に決められ追い付かれた。

1－1で迎えた後半29分、途中出場の元日本代表ＦＷ、播戸竜二がＪ通算１０８ゴールとなる決勝弾でアウェー戦勝利を収めた。

琉　球　2（1－1／1－0）1　北九州

琉球2勝（6）　北九州1敗（0）

▽得点者【琉】徳元（1）播戸（1）【北】前田（1）

▽ミクスタ　▽観衆　４５０３人

播戸　歓喜の決勝弾

ゴールに飢えていたからだろう。後半29分、右サイドのクロスに頭で合わせてゴールネットを揺らすと、元日本代表のＦＷ播戸竜二は両手を大きく広げベンチまで駆けた。輪の中で顔をくしゃくしゃにして喜ぶ38歳のベテランの表情は少年のようだった。

Ｊリーグ通算１０８ゴール目。Ｊ３最年長得点記録を更新する決勝弾となり２－１で北九州を敵地で下した。

右クロスを供給しアシストしたのはＤＦ西岡大志。

前半、先制ゴールを決めガッツポーズを決める琉球・徳元悠平（左）＝西日本新聞社提供

播戸は「良いクロスが来たのでヘディングで合わせるだけだった」。昨季Ｊ1だった大宮（現在Ｊ2）から新加入した。プロ21年目だが、けがもあり、ここ数年は出場機会が減っていた。

一時は「引退」を考えたが、琉球側のオファーにほだされた。練習中には大きな声で若手を鼓舞。時には全体練習とは別に黙々と走り、語らずともプロとしての〝模範〟を示している。

沖縄のサッカーを盛り上げたい、と繰り返す播戸の新たなゴールパフォーマンスは〝カチャーシー〟だ。「沖縄のファンやサポーターと競技場でカチャーシーを踊りたい」と言う播戸のゴールを何度も見たい。

徳元Ｊ初得点「狙っていた」

県出身のルーキー、ＤＦ徳元悠平（22）＝城西国際大出＝がプロ初ゴールを決めた。「今日は得点したいという強い気持ちがあり、実際に決められてうれしい」と声を弾ませた。

左サイドを駆け上がり、ＦＷ中川風希とタイミング良くワンツーパス。左足で豪快に蹴り込んだ。「狙っていた形」と振り返り「ＤＦでも点が取れることを印象づけられれば相手も怖いと思うし、気分は最高」と徳元。存在感が日増しに高まっている。

3・21
悔しいドロー　鳥取に2―2

サッカーの明治安田生命Ｊ3は21日、各地で第3節が行われた。ＦＣ琉球（昨季6位）は県総合運動公園陸上競技場でガイナーレ鳥取（昨季17位）と対戦し、ロスタイムに追い付かれ2―2で引き分け、開幕3連勝を逃した。通算成績は2勝1分け。

琉球は後半12分、FW中川風希のゴールで先制。同31分に追い付かれたが、4分後に途中出場のFW播戸竜二のヘディング弾で勝ち越した。逃げ切りたい琉球だったが、ロスタイムに一瞬の隙を突かれ同点とされた。

琉球　2（0―0／2―2）2　鳥取

琉球2勝1分（7）　鳥取2勝1分（7）

▽得点者【琉】中川（2）播戸（2）【取】レオナルド（3）加藤（2）

▽沖縄県陸　▽観衆　2331人

中川が先制　播戸2戦連発

開幕2連勝のチーム同士の対戦。3連勝し、勢いづきたかったFC琉球だったが、ロスタイムに追い付かれ勝ち点3を逃した。

0―0で折り返した後半、先手を取ったのは琉球。同12分、FW中川風希が左足を振り抜き、3戦連続の先制点を奪った。同31分、CKから失点を許したが、4分後に左サイドバックで県出身の徳元悠平のクロスを途中出場の元日本代表FW播戸竜二が頭でどんぴしゃ。ホームで初めて〝カチャーシー〟のパフォーマンスを披露した。

しかし、好調の鳥取も黙っていない。ロスタイムに同点ゴールを決め勝ち点1を分け合った。

2戦連続ゴールの播戸は「勝ち切れないのは、まだまだ未熟」と厳しい言葉を放ったが「反省は必要でも下を向いたままではいけない。次に生かす」と頼もしい言葉を残した。

「全体的に攻撃に勢いがなかった。中3日の試合で疲労の部分が大きかったと思う」と金鍾成監督。シュート数が7本に終わったことを残念がったが「先制点を取って主導権を握るゲーム運びになったのは納得。結果的に開幕2勝1分けは上々のスタート」と評価。再び中3日の次戦、群馬戦に向けて口元を引き締めた。

（新垣亮）

新戦力デビュー　巧みな足技披露

ノルウェー出身の新加入、MFカルボン（25）がFC琉球でJ3デビューを果たした。後半34分に途中出場。192センチと大柄ながら、右サイドで柔らかなボールタッチを見せ相手ゴールに迫るなど巧みなテクニックを披露した。

敵ながら播戸のゴールに舌を巻いた鳥取の森岡隆三監督は、DF陣がカルボンに気を取られ「相乗効果でやられてしまった」とも。J2横浜FCで昨季の得点王、ノルウェーの先輩でもあるFWイバの助言もあり、日本でのプレーを望んだカルボン。その高い技術が琉球の関係者の目にとまり、加入に至った。

現在、右かかとにけがを抱えているが、J初出場に「とてもハッピー。サポーターやファンに最善のプレーを見せたい。次はゴールを決める」と意気込んだ。

3・25
首位浮上　群馬に2―0　枝本　駄目押し弾

サッカーの明治安田生命J3は25日、各地で第4節が行われた。FC琉球は正田醤油スタジアム群馬でザスパクサツ群馬と対戦し2―0で勝利した。通算成績は3勝1分け。同日、ガイナーレ鳥取もグルージャ盛岡に勝ち、ともに勝ち点10とし、琉球が総得点で首位に立った。

琉球は前半9分、先発のMF富所悠がFKを直接決めて先制。1―0で折り返した後半34分、新加入のMF枝本雄一郎のゴールで突き放した。富所、枝本はいずれも今季初得点。

琉　球　2（1―0／1―0）0　群　馬

琉球3勝1分（10）　群馬1勝2敗（3）
▽得点者【琉】富所（1）枝本（1）
▽正田スタ　▽観衆　3085人

J2経験相手に3勝負けなし

J2昇格へ大きな自信を得る、輝く白星だ。

FC琉球はアウェーで昨季J2を経験している群馬に2―0で勝利。けがで出遅れていた7年目のMF富所悠が前半9分、鮮やかにFKを決めると、後半34分には新加入のMF枝本雄一郎が古巣に〝恩返し〟のゴール。ともに今季初得点で首位浮上の立役者となった。

開幕から第4節まではいずれもJ2を経験しているチームとの対戦で、今季を占う序盤戦だった。中盤の左サイドに富所、右サイドバックに今季琉球に復帰したDF屋宮大地を配置する布陣で臨んだ。

富所のゴールは左サイドで得たFKから生まれた。鋭く変化し、相手GKの手は届かず。背番号10の〝ミスター琉球〟は「自分の特徴を出せて良かった」と振り返った。後半の枝本のゴールは途中出場したFW播戸竜二のゴール前での粘りが実を結んだ。

GK朴一圭主将の好セーブも光り、今季初の零封で首位浮上の琉球。金鍾成監督は「一試合一試合、勝ちを求めてゲームを進める。これからも積極的に行く」。指揮官のさらりと言った言葉が、ますます期待を膨らませる。

3・30 買い物してFC琉球支援　ライカムで感謝祭

Jリーグトップパートナーのイオンと FC琉球の提携活動の一環で、地域振興を目的とする買い物カード「大好きFC琉球WAON」が発行される。30日、北中城村のイオンモール沖縄ライカムで新発行の記者会見と元日本代表FWの播戸竜二と上門知樹がトークを繰り広げるファン感謝祭が開かれた。

4・1 悔しい初黒星　福島に1―2

サッカーの明治安田生命J3は1日、各地で第5節を行い、FC琉球は福島県のとうほう・みんなのスタジアムで福島ユナイテッドFCと対戦し、1―2で今季初黒星を喫した。通算成績を3勝1敗1分けとし、順位を3位に下げた。

琉球は前半8分、相手FKから失点。さらに後半35分、カウンターから追加点を奪われた。

福島の堅守に何度も阻まれた琉球だが、ロスタイムに今季琉球に復帰したＤＦ屋宮大地が右サイドを駆け上がり、一矢報いるゴールを決めた。

福　島　２（１－０／１－１）１　琉　球

福島３勝１分１敗（10）　琉球３勝１分１敗（10）

▽得点者【島】田村（１）ニウド（３）【琉】屋宮（１）

▽とうスタ　▽観衆　１２４９人

終了間際　屋宮プロ復帰弾

ＦＣ琉球はアウェーで福島ユナイテッドＦＣに１－２と、今季５試合目で初黒星を喫した。

序盤から押し込んでくる福島にＦＫを与え、後半８分、素早いリスタートから失点を許した。これまでの４試合で常に先制していた琉球にとって今季初めて追い掛ける展開となった。

琉球はボールを保持するもののシュートまでなかなか持ち込めず福島の堅守に苦戦。後半もＦＷ中川風希の惜しいシュートなどがあったが同35分、左サイドを崩され追加点を奪われた。

ＭＦカルボン、ＦＷ播戸竜二、ＭＦ富樫佑太と攻撃的な選手を投入し打開を図るが、ゴールが遠かった琉球。金鍾成監督は「相手に引かれたときにどう崩して点に結び付けるか、なおかつ後半の失点シーンにどう対応するかが課題だとはっきりした」と述べた。

収穫もあった。ＤＦ屋宮大地がロスタイムにゴールを奪った。29歳の屋宮は２０１５年シーズンにトップチームを去り、昨季はＵ－15のコーチを務めていた。

県２部のチームでプレーしていたがプロ選手としての可能性を信じ、練習生参加からカムバックを果たした。諦めない姿勢を見せた屋宮は「チームとしてもっと前に行く意識を持って、個人としても積極的に前に出たい」。最後まで戦い、ただでは負けないことも「強さ」の証明だ。

4・7
白星するり　セレッソＵ23と引き分け

サッカーの明治安田生命Ｊ３は７日、各地で第６節を行い、ＦＣ琉球は県総合運動公園陸上競技場でセレッソ大阪U－23と対戦し1－1で引き分けた。通算成績を3勝1敗2分けとした。順位は暫定3位のまま。

琉球は前半11分、左サイドを駆け上がった県出身DF徳元悠平のパスを受けたMF富樫佑太が右足で決めて先制点を奪った。その後も攻撃の手を緩めなかったが、追加点は奪えず。後半は押し込まれる時間が続き、試合終了間際の後半43分、相手の直接FKから追い付かれた。

琉　球　1（1－0／0－1）1　C大阪U－23

琉球3勝2分1敗（11）　C大阪U－23 3勝1分1敗（10）

▽得点者【琉】富樫（2）【C】山内（1）▽沖縄県陸　▽観衆　1782人

最終盤の試合運びに課題

FC琉球は開幕戦以来、約1カ月ぶりのホーム戦勝利を狙ったが、またしても試合終了間際の失点で追い付かれ、セレッソ大阪U－23と勝ち点1を分け合った。

ノルウェー出身のFWカルボンを1トップで初先発させる布陣で、出だしは良かった。前半11分、ロングパスを受けた県出身のDF徳元悠平が前のスペースへパス。走り込んだMF富樫佑太が相手をかわし、右足でゴールに蹴り込んだ。

1－0で折り返した琉球だが、強いプレッシャーをかけてボールを奪って攻めるセレッソ大阪U－23に押し込まれ苦しい時間が続く。すると、試合終了2分前、相手FKに合わされ、ホームでの第3節、鳥取戦同様に最終盤で同点とされた。

先制弾の富樫は「もったいない。2点目を決めれば、勝利への流れが来たはず」と残念がった。金鍾成監督は「ゴール前まで運んでもシュートに持ち込めない課題が出た。相手に押し込まれた時にバタバタとしてしまった」。連敗は避けたが、試合運びの課題がくっきりと現れた。

リーグはまだ序盤戦。立て直しのチャンスと時間はいくらでもある。　（新垣亮）

増谷　前線へ絶妙ロングパス

先制点の起点となったのはＤＦ増谷幸祐の前線への糸を引くようなロングパス。前半11分、自陣から正確なキックで逆サイドに攻め上がったＤＦ徳元悠平に渡り、最後はＭＦ富樫佑太が決めた。

増谷は琉球に欠かせない最終ラインの要だ。琉球に入り3年目。この日も体を張ったプレーで何度もピンチの芽を摘んだが、終了間際に追い付かれ「あっさり失点してしまうのが続いている」と反省を口にした。

守備の連係の課題を明確にし「点を取ってくれる前の選手に応えたい」と気持ちを切り替えていた。

4・14掲載
個別レッスン開催

Ｊリーガーとフットサルを楽しめる個人参加型の「琉球個サル」が今春、始まった。Ｊ３のＦＣ琉球の選手が直接指導し、水曜日の女子限定クラス、金曜日の一般エンジョイクラスを設けた。いずれも午後6時半から沖縄市のコザ運動公園内で行っている。

「琉球個サル」は初心者のほか、チームに所属していない愛好者、運動不足を解消したい人、フットサルで交流を図りたい参加者らを幅広く受け入れる。1人参加以外に友人、仲間同士での参加も可能だ。各回定員は20人で、参加料は千円。

ＦＣ琉球の小松駿太（右から２人目）とフットサルを楽しむ参加者＝沖縄市・コザ運動公園内の多目的運動場

水曜はMF高柳昌賢と小松駿太、金曜はDF新井幹人、GK大野敬介が担当する。

4・14 反撃及ばず2敗目 鹿児島に1―2

サッカー明治安田生命J3第7節は14日、各地で行われ、3位のFC琉球は鹿児島県の白波スタジアムで鹿児島ユナイテッドFCと対戦し、1―2で敗れた。琉球は3勝2分け2敗。暫定順位は3位のまま。

琉球はスコアレスで折り返した後半13分、相手CKから失点。さらに7分後、カウンターから追加点を奪われた。反撃を試みる琉球は相手GKの好セーブもあり、後半27分、DF西岡大志がヘッドで1点を返したが及ばなかった。

鹿児島 2(0―0/2―1)1 琉 球

鹿児島3勝1分2敗(10) 琉球3勝2分2敗(11)

▽得点者【児】田中秀(1)野嶽(3)【琉】西岡(1)

▽白波スタ ▽観衆 1747人

セットプレーで弱さ

FC琉球はセットプレーでの弱さを露呈して先制を許し、さらに鹿児島の力強いカウンターを止められず、1―2で敗れた。

今季はこれまでFKやCKからの失点ケースが目立つ。この日も後半13分、相手にCKを与え、遠いサイドでフリーにした前琉球主将の藤澤典隆から流れたボールを押し込まれた。7分後、警戒していたカウンターも止められなかった。琉球には二つの課題が如実に表れた。

後半27分に一矢報いるヘディング弾を決めた西岡大志は「センターバックが高い位置を取っているのをうまく突かれ、失点してしまったのが悔やまれる」と声を落とした。

一方で、途中出場しJ3デビューを果たした北朝鮮U―23代表、愛知出身のMF金成純のクロスのアシストなど今後の収穫も得た。

「こちらが求めることをやってはくれたが、もう少しクオリティーを上げていく必要がある」と金鍾成監督。「J2に上がるために、またリセットして開幕を迎えるような気持ちで次の試合に挑みたい」と気持ちを切り替えた。

4・27 ソーマプライアと連携・協力

プロサッカーのFC琉球と、プロビーチサッカークラブのソーマプライア沖縄が27日、スポーツを通して地域を盛り上げようと連携・協力を推進する包括協定を結んだ。互いのホーム公式戦に選手を派遣して競技をPRするほか、教育や広報面での充実を図る。

4・29 Y横浜に2―3で惜敗　今季初の連敗

サッカー明治安田生命J3第8節は29日、各地で行われ、FC琉球は神奈川県のニッパツ三ツ沢球技場でYSCC横浜と対戦し、2―3で敗れた。今季初の連敗を喫し、順位は8位に下がった。通算成績は3勝2分け3敗。

琉球は0―1で迎えた前半終了間際にMF富樫佑太のゴールで追い付き折り返した。後半7分に追加点を奪われたが、同33分に再び富樫が振り出しに戻した。しかし、5分後に決勝点を決められた。

YS横浜　3（1―1／2―1）2　琉　球

YS横浜4勝2分2敗（14）　琉球3勝2分3敗（11）

▽得点者【Y】奥田2（2）西山峻（2）【琉】富樫2（4）

▽ニッパツ　▽観衆　1285人

波乗れず連敗

FC琉球はYSCC横浜に2度追い付く粘りを見せたが最後は振り切られた。4試合ぶりの勝利を目指した一戦は2―3で惜敗し、今季初の連敗を喫した。

「やはり流れをつかむことができなかったのが敗因」と振り返った金鍾成監督。試合序盤からボールを保持し、好機をうかがった。しかし、先手は常にYS横浜に取られた。古巣との対戦にMF小松駿太は「ずっと最後のところが課題。ボールを持つことはある程度できているが、なかなかシュートまで持ち込めない。そういった部分を追求しないといけない」と語った。

勝利したYS横浜は2位上昇。負けた琉球は8位に順位を下げた。次戦は5月3日に9位のガンバ大阪U－23、同6日に7位のブラウブリッツ秋田といずれもホームでぶつかる。ゴールデンウイークの試合を再浮上の機会としたい。

5・3
5試合ぶり勝利　ガンバU23に2―1

サッカー明治安田生命J3第9節は3日各地で行われ、8位のFC琉球は県総合運動公園陸上競技場で9位のガンバ大阪U－23と対戦し、2－1で5試合ぶりに勝利した。通算成績を4勝2分け3敗とし、順位は7位に浮上した。

前半スコアレスで折り返した琉球は後半5分、MF富所悠が先制弾を決めた。さらに3分後にはMF枝本雄一郎のゴールで加点。試合終了直前に1点を返されたが、最後は守り切った。

琉　球　2（0－0／2－1）1　G大阪U－23

琉球4勝2分3敗（14）　G大阪U－23　3勝2分3敗（11）

▽得点者【琉】富所（2）枝本（2）【G】高木（1）

▽沖縄県陸　▽観衆　1824人

富所・枝本　沈滞ムード破る

指笛が鳴り響き、「勝利の歌」が流れる。3月の開幕戦以来の約2カ月待ちわびたホーム戦勝利にスタンドは沸いた。

4月は白星を挙げられず苦しんだ。「勝ちがなく『負の部分』に陥ってしまった。いかに自分たちの形を取り戻しながら結果につなげるかが、テーマだった」。5試合ぶりの勝利に試合後の会見で金鍾成監督は安堵《あんど》の表情を浮かべた。

沈滞ムードを打ち破ったのは後半5分、頼れるMF富所悠の右足だった。フル出場で流れを変え、「これ

得点を決めて喜ぶ枝本雄一郎（左から２人目）と小松駿太（同３人目）ら

からも自分が一番であることを周囲に示せるようにしたい」と胸を張った。

3分後に続いたのは藤枝から新加入のＭＦ枝本雄一郎。左足で追加点を奪い、「チームの色に合わせて自分の特徴を生かしてゴールのパターンを考えてきた。今日の試合はシーズンのターニングポイントになると思う」とうなずいた。

次戦は昨年覇者のブラウブリッツ秋田だ。体を張った守備や得点につながるパスを供給したＤＦ瀧澤修平は「秋田は勢いがある。ロングボールやカウンターに警戒したい」と拳を握る。中2日だが、Ｊ2昇格、優勝を目指す琉球にとってさらなる「自信」につなげたい。

（新垣亮）

新星の金、好機演出

今季新加入で、ガンバ大阪Ｕ－23戦で2戦連続先発した22歳のＤＦ金成純（キム・ソンスン）。右サイドバックで起用され初のフル出場を果たした。攻撃的なポジションが本来だが、慣れないポジションで「よくやっている」と金鍾成監督は及第点を与える。

愛知朝鮮中高級学校、朝鮮大学校を経て琉球入りした北朝鮮Ｕ－23の代表選手だ。「若い選手が多いが、パギさん（朴一圭）や播さん（播戸竜二）ら経験ある選手がいてバランスもよく、にぎやかでいい」とチームにすっかりなじんだ様子。「高い位置で攻撃しながらチームに貢献したい」とテクニックを武器に、指揮官らの期待に応えていくつもりだ。

5・6
ドローで6位浮上　秋田と0－0

サッカー明治安田生命J3第10節は6日、各地で行われ、7位のFC琉球は県総合運動公園陸上競技場で昨季J3王者で5位のブラウブリッツ秋田と対戦し、0－0で引き分けて勝ち点1をつかんだ。通算成績は4勝3分け3敗とし、順位は6位に上がった。

琉球は持ち味のパスサッカーで打開を図るが秋田の堅守に阻まれ得点できず。一方で守備で粘り、相手のカウンターを食い止めるなどして勝ち点1を分け合った。

琉　球　0（0－0／0－0）0　秋　田

琉球4勝3分3敗（15）　秋田5勝1分4敗（16）

▽沖縄県陸　▽観衆　1791人

無失点　守備に手応え

今季J2昇格を見据えるFC琉球。昨季J3王者ブラウブリッツ秋田との一戦は、スコアレスドローで勝ち点1を分け合う結果となった。

ポゼッション（ボール保持）の特徴を生かし相手ゴールに向かう琉球と、ロングボールとカウンターで一気に攻め立てる秋田の対照的なスタイルを持つチーム同士の対戦。琉球は「堅守速攻」を徹底する秋田に何度もはね返された。金鍾成監督は「決定機をなかなかつくれなかった。内容も結果も残念だった」と振り返る一方で「カウンターを防ぎ相手の攻撃は守れた」と一定の評価を付け加えた。

無失点に抑えた試合は3月の第4節以来だ。主将のGK朴一圭も「最後のシュートの精度はまだまだ」としながらも「リスクマネジメントなど守備は前進だと思う。収穫もあった」と前向きだった。

最終ラインの一人、県出身DFの徳元悠平も「無失点は次につながる」。約1カ月後の次戦に向けて「今

のポジションも定位置とは言えない。練習から集中して危機感を持って取り組みたい」と気を引き締め直していた。（新垣亮）

3年目DF瀧澤　攻守で縦横無尽

FC琉球の不動のセンターバックの一人が3年目のDF瀧澤修平だ。1対1や空中戦、前線への正確なパス供給などを持ち味としている。警戒していたブラウブリッツ秋田の攻撃陣を零封し「ゼロに抑えれば負けることはないので」と安堵《あんど》の表情だった。

シーズンはまだ序盤。「もっとリーダー的な役割で、チームを動かせるようにしたい。攻撃のスイッチを入れるプレーの精度も上げたい」と意気込む。約1カ月後のリーグ戦再開に向けて「少しでもレベルアップしたい」と拳を握った。

5・13

天皇杯県代表へ　タイムス杯サッカー

サッカーのタイムス杯争奪OFA第23回県選手権兼天皇杯JFA第98回全日本選手権県代表決定戦は13日、県総合運動公園陸上競技場で決勝を行い、J3のFC琉球が九州リーグの沖縄SVを4－1で破り、県代表の切符をつかんだ。

琉球は前半30分、CKからFW中川風希が頭で合わせて先制した。後半はDF徳元悠平のPK、MF金成純の直接FKと、セットプレーなどで得点を重ねて快勝した。

FC琉球　4（1－0／3－1）1　沖縄SV

▽得点者【琉】中川、徳元、富樫、金【沖】関

22歳4人躍動　ペース握る

FC琉球はセットプレーを生かし22歳の4選手が次々とゴール。9年連続12度目の天皇杯本大会への出場を決めた。

最初のゴールはFW中川風希。左サイドからのCKに「いつも練習でやっている形」と頭で合わせ「点を取ってペースが握れた」と喜んだ。

後半早々にはPKを得て県出身DF徳元悠平が落ち

着いて決めて追加点。さらには後半15分、公式戦初先発で、同じく22歳の新卒ルーキーFW和田凌の絶妙クロスにMF富樫佑太がダイレクトで合わせた。

その後は沖縄SVに1点を返されたが、最後は北朝鮮U－23代表のMF金成純が「自信はあった。力まずにリラックスして枠に入れるだけ」と直接FKで鮮やかなゴール。試合を決めた。

若手の活躍で県代表の座を譲らなかったFC琉球。本大会の1回戦の相手は、昨年PK戦の末に敗れたJFLのFC今治だ。金鍾成監督は「われわれは沖縄県代表。僅差でも勝って次に進むことが大事」。指揮官は2回戦でのJ1清水との対戦も、しっかりと視野に入れている。

（新垣亮）

㊤天皇杯県予選決勝を制したイレブン
㊥後半43分　フリーキックを決める金成純
㊦沖縄SVの高原直泰（中央）と競り合う知念雄太朗（左）と富樫佑太

5・26
今治に再び屈す　天皇杯1回戦

サッカーの天皇杯JFA全日本選手権第1日は26日、県総合運動公園陸上競技場などで1回戦が行われた。県代表でJ3のFC琉球は日本フットボールリーグ（JFL）のFC今治（愛媛）に1―1からのPK戦の末、5―6で敗れ、初戦敗退した。

90分の試合で決着はつかず、スコアレスで延長戦に突入。延長前半2分に、FW中川風希のゴールで先制したが、延長後半9分に追いつかれ勝負の行方はPK戦に。今治は6人全員が決めたのに対し琉球は6人目が外し、昨年大会と同じ相手に再びPKで敗れた。

▽1回戦

FC今治（愛媛）1（0―0／0―0）延長（0―1／1―0）1　琉球

（PK　今治6―5琉球）

▽得点者【F】有間【琉】中川

延長　中川の先制弾守れず

県代表のFC琉球は愛媛代表でJFLのFC今治に2年続けてPK戦で惜敗。2回戦でJ1清水と対戦し「ジャイアント・キリング」を果たすという目標も果たせなかった。

両者90分で得点を挙げられず延長戦へ突入。先手を取ったのは琉球だった。延長前半2分には鮮やかな崩

㊤延長前半、中川風希（左）が先制ゴールを決める
㊦PK戦で敗れぼうぜんとするイレブン

しからFW中川風希の右足で均衡を破った。

しかし延長後半9分、反撃を続けるFC今治に追いつかれた。今季、J3リーグで何度か経験しているリードを守れない、という形でタイムアップ。さらにPK戦で敗れ、DF瀧澤修平は「最後まで守り切れず、実力が足りない」とうつむいた。主将のGK朴一圭も「もう1点取って勝とう、と話していた。リードしてからの残り時間がちぐはぐだった」と反省を口にした。

金鍾成監督は「格下だが実力的には拮抗《きっこう》していた。PKで負けたのは運ではなく、実力の差だったのではないか」「(運なので) 忘れようと軽く考えずに、敗戦を受けて次に進む」と最後はこの悔しさを糧にすると誓った。

(新垣亮)

5・28
タイムス社がスポンサー契約

6・2
快勝で4位浮上　長野に2―0

サッカー明治安田生命J3第12節は2日、各地で行われ、FC琉球は県総合運動公園陸上競技場でAC長野パルセイロと対戦し、2―0で勝利した。通算成績を5勝3分け3敗とし、順位は4位に浮上した。

琉球は0―0で折り返した後半20分、大卒ルーキーのFW和田凌のJ初ゴールで先制。10分後には後半から出場したMF富所悠が追加点を奪った。守ってはDF陣が集中し、相手の攻撃を何度もはね返した。

琉　球　2 (0―0/2―0) 0　長　野

琉球5勝3分3敗 (18)　長野2勝6分3敗 (12)

▽得点者【琉】和田 (1) 富所 (3)

▽沖縄県陸　▽観衆　2473人

ルーキー「アグー」先制弾

リーグ初先発の大卒ルーキー、FW和田凌がやってくれた。後半20分、MF中川風希のスルーパスに反応し、J初ゴール。試合後、「初先発という一度しかないチャンスで決めることができた。持ってるなぁ、と思った」とおどけてみせたが、積極的にゴールを狙う姿勢が結実した先制弾だった。

前半から相手ゴール前で果敢に飛び込み、惜しいシュートを放つなどゴールを予感させていた。金鍾成監督は「相手ゴールに向かいながらボールを収めることができる。初先発の割に落ち着いていた。良い仕事をした」と和田の台頭を喜んだ。

年齢が一回り以上も離れるＦＷ播戸竜二に「アグー」と名付けられ、そのニックネームはチーム内で浸透している。アルゼンチン代表のＦＷアグエロと身長や体重がほぼ同じで、入団時はやや体重があったことにちなんでいる。

あどけない表情が印象的だが「攻撃面でもっと良いプレーを出していける。これから質の高い選手ということを証明して、自分もチームも『上』に行きたい」。強心臓の22歳は、持ち味の「ゴールへ向かう姿勢」を貫き通す。

（新垣亮）

けが押し出場　富所が得点

背番号「10」を背負う〝ミスター琉球〟ＭＦ富所悠が試合を決める大きな追加点を奪った。右足のかかと周辺を痛め、後半から途中出場。注射を打って試合に臨み後半30分、中央からのドリブルに続けて、豪快に右足一閃《いっせん》。試合の流れを一気に引き寄せるエースらしいゴールを見せた。

「小松（駿太）から良いボールが来た。前を向いたらチャンスはつくれる」と胸を張り「点に絡む事が求められている。そこにこだわる」と次節以降をにらんだ。

6・2
サポーターに応援旗　支援企業が贈る

ホーム戦キックオフを前に、クラブパートナー１社がサポーターグループ「琉球グラナス」に縦３メートル、横４・５メートルの巨大応援旗を贈った。

6・10
逆転大勝２位　相模原に５―２

サッカー明治安田Ｊ３は10日、各地で第13節第２日目が行われ、アウェーでＳＣ相模原と対戦したＦＣ琉球は５対２で勝利し、順位をＪ２昇格圏内となる２位にまで上げた。

琉球は前半、相模原にファウルで与えたＰＫから先制を許すも、21分に左サイドの徳元悠平のクロスを和田凌がヘッドで合わせて同点に追い付いた。同31分には中川風希のヘッドの折り返しを富樫佑太が頭で合わせて逆転に成功。富樫は同40分、後半18分、同38分と計4得点を挙げて、今季最多得点勝利に貢献した。

琉球の通算成績は6勝3分け3敗勝ち点21で2位。相模原は3勝3分け5敗勝ち点12で13位とした。

琉　球　５（３―１／２―１）２　相模原

琉球６勝３分３敗（21）　相模原３勝３分５敗（12）

▽得点者【琉】和田（２）富樫４（８）【相】ジョンガブリエル（ＰＫ）（７）梅井（２）

▽ギオンス　▽観衆　１９１７人

富樫4発　得点王争い

逆転の末の今季最多得点勝利に、ＦＣ琉球金鍾成監督は「相手のプレスに、逃げずに縦を突いていったことが得点につながった。サイドでも最終ラインの裏を狙うことができた」と手応えを口にした。

前半早々、ＰＫで失点し嫌な空気が流れた。だが21分、左サイドを駆け上がった徳元のクロスに2試合連続スタメンの和田が「徳元といつもの練習で繰り返している絶好のボールが来た」とヘッドでどんぴしゃとたたきつけ、２試合連続となる同点弾。10分後には再び左サイド徳元を起点に、中川がヘッドで折り返したところを富樫がヘッドで合わせ、前半で逆転に成功した。

40分と後半18分にも追加点を挙げてハットトリックを達成した富樫は「もう1点狙っていた」と右サイドで受けたボールをそのまま持ち込み、プロ初となる1試合4得点で駄目を押した。一気に得点王争いのトップに並び「トレーニングと食事の成果で去年より4キロ痩せて体のキレも良い。ゴール前に入る動きが消化できていることが得点につながった」と喜ぶ。

2位に上昇したとはいえ、8位までにひしめく7チームの勝ち点差は2と大混戦は続く。富樫は「自分が点を取らないと勝てないという危機感は持っている」と表情を引き締める。覚醒したストライカーがＪ２昇格へのカギを握っている。（小笠原大介東京通信員）

復帰の朴　冷静プレー

怪我から復帰したＭＦ朴利基が、３月17日の北九州戦以来10試合ぶりの先発出場を果たした。前半12分に「力みが出た」と相手ＦＷを倒しＰＫを献上したが「すぐに切り替えた」と以後は冷静なプレーで前線へボールを供給した。

４―１―４―１の１ボランチには「まだ慣れないが攻撃のメリットは多い」と手ごたえを感じている様子。同ポジションは小松駿太と争う。「負けずに定着できるようアピールしたい」と誓った。

6・12
「やんばるデー」をＰＲ

サッカーＪ３のＦＣ琉球は「やんばるデー」と銘打ち、23日に県総合運動公園で行うアスルクラロ沼津戦に、県北部地域在住者らを無料で招待する。キックオフは午後６時。金鍾成監督が12日、名護市役所で渡具知武豊市長に開催をＰＲ、多くの来場を呼び掛けた。前田産業ホテルズ（名護市）が主催する。

6・16
ドローで3連勝逃す

サッカー明治安田生命Ｊ３第14節は各地で行われ、ＦＣ琉球は東京都の夢の島競技場でＦＣ東京Ｕ―23と対戦し、１―１で勝ち点１を分け合った。通算成績は６勝４分け３敗で勝ち点22の３位。

琉球は前半から積極的に攻めたがゴールは遠く、０―０で折り返した。後半は開始早々の４分に、相手ＧＫへのバックパスを狙ったＦＷ和田凌が押し込み、３試合連続のゴールで先制。しかし13分後、相手に与えたＣＫから追い付かれた。

ＦＣ東京Ｕ―23　1（0―0／1―1）1　琉球

ＦＣ東京Ｕ―23　３勝３分７敗（12）　琉球６勝４

分3敗（22）
▽得点者【F】矢島（5）【琉】和田（3）
▽夢の島　▽観衆　2074人

和田先制後　遠いゴール

互いの良さをぶつけ合う好ゲームだったが、FC琉球は下位に低迷するFC東京U－23相手に1－1のドロー。今季初の3連勝を逃した。

スコアレスで折り返した後半早々に試合は動いた。同4分、相手陣営に大きく蹴り出したボールを相手DFが処理を見誤り、GKへ。そこに突っ込んでいったのがFW和田凌だった。相手GKと交錯しながらもボールを流し込み先制した。しかし、13分後、FC東京U－23にCKから高さを生かして同点とされた。

琉球はボールを保持し、ゴール前まで攻め込むが、なかなかゴールを奪えない。FW播戸竜二ら3枚の交代カードも切ったが、勝ち越し点は奪えなかった。

後半途中出場のMF富所悠は「3連勝をしたいと試合前から話していたが、そこで勝ち切れないのはチームの未熟なところ」と悔しそう。

金鍾成監督は「落ち着いたゲームの中で試合を運んでしまった残念さがある」。下位のチーム相手だからこそ「積極的に失点しても攻めるという常にやり続けてきたことが表現できないといけない」と厳しく語り「そうしないとチームが一段と強くなったり、殻を破ることはできない」と、いま一度の出直しを図る覚悟を示した。

6・20
GMOコインと契約

サッカーJ3のFC琉球は20日、仮想通貨交換業のGMOコイン（東京都、石村富隆社長）とビットコインを活用した2018年シーズンクラブパートナー契約を締結したと発表した。

6・23
攻め貫徹で2位に浮上　沼津に1－0

サッカー明治安田生命J3第15節は23日、各地で行われ、4位のFC琉球は県総合運動公園陸上競技場で2位のアスルクラロ沼津と対戦し1―0で勝利した。通算成績は7勝4分け3敗で勝ち点25とし、2位に浮上した。

琉球はスコアレスで折り返し。後半はボールを保持し堅守の沼津相手に波状攻撃を仕掛け続けた。後半38分、左サイドのクロスに途中出場のMF朴利基が頭で合わせて決勝点を奪った。

琉　球　1（0―0／1―0）0　沼　津

琉球7勝4分3敗（25）　沼津7勝3分3敗（24）

▽得点者【琉】朴利基（1）

▽沖縄県陸　▽観衆　2817人

朴、決勝ヘッド　沼津の堅守崩す

攻撃は最大の防御―。FC琉球がJ3リーグ屈指の堅守を誇るアスルクラロ沼津の牙城を崩し、1―0で勝利。上位対決を制して2位に浮上した。対戦した沼津は前節までの12試合で失点はわずかに6点。堅い守備からの速攻で勝ち星を重ねているチームで琉球とは

エスコートキッズと黙とうをささげるFC琉球と、アスルクラロ沼津の選手

対照的なスタイルだった。

　琉球は前半から積極的に攻撃を仕掛けるがゴールは遠く、折り返し。ハーフタイム時、金鍾成監督は「攻撃陣が下りてきすぎている。もっと相手ゴール前で積極的に攻め切るように」と指示を出したという。

　指揮官は後半開始からＦＷ和田凌を起用。そして相手の裏を突くように、と残り20分でけがから復帰間もないＭＦ朴利基を投入し、さらに沼津に圧力をかけた。

　波状攻撃が実ったのは同38分。左サイドからＦＷ中川風希のクロスに、ファーに開いていた朴利基が頭でどんぴしゃ。決勝ゴールを奪った。その後もＦＷ上門知樹をピッチに送り出すなど攻撃の手を緩めなかった琉球。最後まで仕掛け続ける積極性で上位からもぎ取った勝ち点３は大きな自信にもつながりそうだ。殊勲弾の朴は「優勝を目指して全試合勝つつもりで臨みたい。試合に出たら結果を残す」と頼もしい言葉を残した。


（新垣亮）

慰霊の日　沖縄戦犠牲者に両チーム黙とう

アスルクラロ沼津戦が行われた23日は「慰霊の日」。沖縄戦の全犠牲者に追悼の意を表しようと、両チームの選手らが試合前に黙とうをささげた。

　ＦＣ琉球のＤＦ徳元悠平は沖縄戦終焉《しゅうえん》の地とされる糸満市出身だ。幼い頃から地元での平和学習があり、特別な思いを持つ。「祖父母や先祖が命をつないでくれるから、今の自分がいる」と述べ、試合後もファンの前でマイクを握り平和の尊さを訴えた。

7・1
4発で2位堅持　盛岡に4―1

サッカー明治安田生命Ｊ３第16節は１日、各地で行われ、２位のＦＣ琉球は岩手県のいわぎんスタジアムで12位のグルージャ盛岡に４―１で勝利し、２連勝した。通算成績は８勝４分け３敗で２位を維持した。

　琉球は前半23分、ＦＷ中川風希が先制ゴール。同35分にはＭＦ富所悠が鮮やかなＦＫを決めた。後半は同35分と試合終了間際に中川が加点し、ハットトリックを達成した。

琉　球　４（２―０／２―１）１　盛　岡

琉球８勝４分３敗（28）　盛岡５勝２分８敗（17）
▽得点者【琉】中川３（５）富所（４）【盛】谷口（３）
▽いわスタ　▽観衆　９２５人

サイド攻めて　中川ハット

ＦＣ琉球の勢いが止まらない。ＦＷ中川風希のハットトリックなど計４発でグルージャ盛岡に快勝。直近７戦で５勝２分けの負けなしで、順位もＪ２昇格圏内の２位をキープした。

気温30度を超える暑さの中、琉球は序盤から両サイドを中心に攻め立てた。先制は前半23分、左クロスをＦＷ播戸竜二が頭で後方にそらすと、待っていたのはＦＷ中川。相手ＤＦをかわして、ネットを揺らした。12分後にはＭＦ富所悠のＦＫ弾で加点した。

後半は３連勝中の盛岡の反撃を許し、１点を返されるが「攻撃の手を緩めない」とした金鍾成監督の指示に攻撃陣が応えた。同35分、中川がゴール前のＦＫを頭で合わせ、さらにロスタイムにはダメ押しゴールを奪った。

３月の第３節以降、久々のゴールを喜んだ中川は「ミスはあったが、結果を残せればいいと開き直った。後半の立ち上がりが悪い中で３点目が取れたのがよかった」と胸を張った。

次戦は〝三度目の正直〟で今季初の３連勝を狙う琉球。優勝戦線にいる絶好のタイミングで毎年恒例の「１万人祭り」を迎える。

7・3
障がい者とサッカー交流

サッカーＪ３のＦＣ琉球の大塚翔、金成純の両選手が３日、市比屋根の沖縄中部療育医療センターを訪れ、利用者と室内サッカーで交流した。２人は「とても元気をもらった。このエネルギーを試合でも生かしたい」と意気込んだ。

地元との交流を深めようと企画された。18〜55歳の障がい者53人が施設を利用しており、交流会では利用者６人が両選手のチームに３人ずつ分かれて対戦し

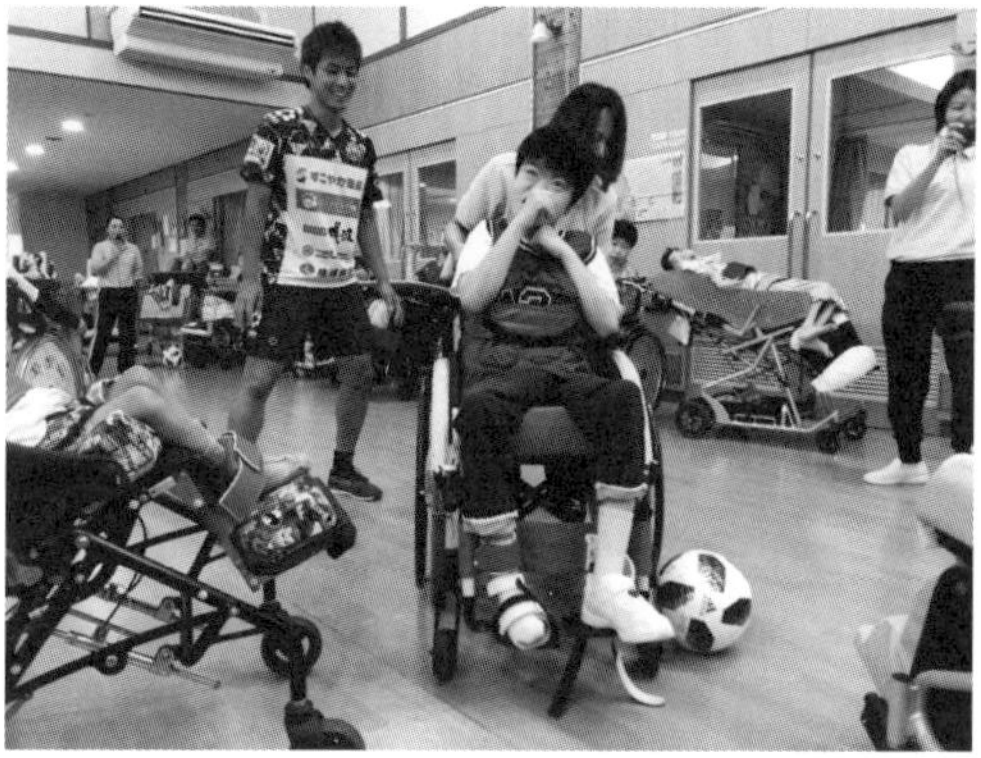

ＦＣ琉球の選手と施設利用者がサッカーで交流した＝３日、沖縄中部療育医療センター

た。

7・7
３連勝達成、ついに首位　藤枝に３―０

サッカー明治安田生命Ｊ３第17節は７日、各地で行われ、２位のＦＣ琉球はタピック県総ひやごんスタジアム（県総合運動公園陸上競技場）で10位の藤枝ＭＹＦＣと対戦し、３―０で今季初の３連勝を飾った。通算成績を９勝４分け３敗とし、暫定首位に浮上した。

琉球は前半14分、ＭＦ中川風希が先制ゴール。同30分にはＭＦ富樫佑太が加点し、後半41分にはＦＷ和田凌がダメ押し弾を決めた。

琉　球　３（２―０／１―０）０　藤枝

琉球９勝４分３敗（31）藤枝６勝２分８敗（20）

▽得点者【琉】中川（６）富樫（９）和田（４）

▽沖縄県陸　▽観衆　７２８９人

七夕の夜　鮮やか３発

七夕の夜に、ホームで今季初の３連勝というサポーター約７千人の願いをかなえた。ＦＣ琉球は藤枝ＭＹＦＣに３―０で快勝し、首位鹿児島の試合が雨天中止になったため、順位は暫定首位に浮上。最高の形でリーグ前半戦を折り返した。

琉球は前半からボールを保持してパスを回し、積極的にゴールへと向かった。

欲しい時に点を奪えるのが今の琉球の強さだ。前半14分、ＭＦ中川風希が左足を振り抜いて先制。押せ押せムードの同30分、ＭＦ富樫佑太が鋭いシュートを放ちゴールネットを揺らした。後半、藤枝の反転攻勢を受ける中、試合終了が見えた同41分にＦＷ和田凌がとどめの一発。ボルテージは最高潮に達した。

２日前が誕生日で「やっぱり持ってる」と白い歯をこぼした和田。左サイドを駆け上がる攻めを得意とし、最終ラインに欠かせない存在となった県出身ＤＦの徳元悠平は「Ｊ３優勝と、Ｊ２昇格という明確な目標に向かって自信を持ってプレーできている」と語る。

金鍾成監督は「暫定だし、まだ半分なので」と冷静な口ぶりながらも、「良いプレーを求め合う意識の広がりや雰囲気を感じている」と確かな手応えも口にした。悲願のＪ２へ、後半戦も琉球の戦いに目が離せない。

（新垣亮）

7・16 初の4連勝 秋田に1－0

サッカー明治安田生命Ｊ３第18節は16日、各地で行われ、１位のＦＣ琉球は秋田県のあきぎんスタジアムで11位のブラウブリッツ秋田と対戦し、１－０で勝って連勝を４に伸ばした。４連勝はＪ３参入の５季目で初めて。通算成績を10勝４分け３敗とし、首位を維持した。

琉球は終了間際の後半45分、左サイドからＤＦ徳元悠平のクロスにＦＷ和田凌が頭で決勝弾を決めた。

琉　球　1（0－0／1－0）0　秋　田

琉球10勝４分３敗（34）秋田６勝３分８敗（21）

▽得点者【琉】和田（5）

▽Ａスタ　▽観衆　１８３１人

しぶとく攻撃　昨季王者撃破

ＦＣ琉球は試合終了間際のＦＷ和田凌のゴールで昨季王者の秋田を１－０で破った。Ｊ３参入後初めての４連勝で首位をキープ。しぶとい攻撃が最後の最後で実った。

成績低迷で監督が交代したばかりの秋田に対し、琉球は前半から攻撃を仕掛けるが、秋田の堅守に阻まれ続けた。守備では、危ない場面でＧＫ朴一圭が好セーブを連発した。

試合終了が近づいた後半45分、何度も崩しにかかった左サイドのＤＦ徳元悠平のクロスに和田が頭で合わせた。２戦連発の和田は「中で待っていたらいいクロスが来たので合わせるだけだった」とアシストに感謝。金鍾成監督は「苦しい中でも選手たちが頑張った」とたたえる。

後半戦で好スタートを切った琉球。この強さは本物だ。

7・21 引き分けも首位堅守　ＹＳ横浜と１―１

サッカー明治安田生命Ｊ３第19節は21日、各地で行われ、首位のＦＣ琉球はタピック県総ひやごんスタジアムで8位のＹＳＣＣ横浜と対戦し、１―１で引き分けた。通算成績は10勝5分け3敗で、暫定首位。

琉球はスコアレスで折り返した後半18分、ＭＦ富樫佑太のゴールで先制したが、試合終了間際の同42分に追い付かれた。

次戦は約1カ月の中断期間を挟み、8月25日午後6時からホームのタピック県総ひやごんスタジアムでグルージャ盛岡とぶつかる。

琉球　１（0―0／0―1）１　ＹＳ横浜

琉球　10勝5分3敗（35）　ＹＳ横浜　5勝8分5敗（23）

▽得点者【琉】富樫（10）【Y】後藤（2）

▽沖縄県陸　▽観衆　１２８９人

隙突かれ同点弾許す

台風10号の影響による強風と、後半には横殴りの雨が降る中、ＦＣ琉球は試合終了間際に同点に追い付かれ、１―１でＹＳＣＣ横浜と勝ち点1を分け合った。

互いに決定機を逸し続けて前半を折り返すも、後半18分に琉球が先手を取った。ＭＦ富樫佑太が1度は相手ＧＫにはじかれたシュートを押し込み、先制に成功。畳み掛けたかったが攻めあぐねていると、試合終了3分前に一瞬の隙を突かれた。

「良くない試合だった。勝ちが続いている中で、ひた向きさが薄れているような気がした」。金鍾成監督は厳しい言葉を口にした。相手に対して緩い守備をしたり、消極的なプレーが目立ったりしたことなどを挙げ「がむしゃらさがほしい」と奮起を促した。

リーグは約1カ月の中断期間を挟むが、J2昇格に向けて課題が見えた戦いだった。好セーブでピンチを何度も救ったGK朴一圭主将は「相手との駆け引きや試合運びなど、オフの期間に選手間の共通認識を高めていきたい」と前を向いた。

（新垣亮）

7・23
eスポーツ事業展開　エリスリナと連携

サッカーJ3のFC琉球を運営する琉球フットボールクラブはeスポーツ（エレクトロニック・スポーツ）事業に取り組むため、エリスリナ（那覇市、松永越代表取締役）と連携し、eスポーツチーム「FC琉球」を発足させた。23日、クラブが発表した。J3では初の試みという。

eスポーツはコンピューターやビデオゲームで行われる競技。来年の茨城ゆめ国体や2022年に中国で開催されるアジア大会で正式種目に採用されるなど、世界中で競技人口や市場の拡大が著しいスポーツだ。

県内初のeスポーツプロ選手のKYAMEI氏と所属契約し、今年8月に米国で開催される世界最大級の格闘ゲーム大会に参戦する。

8・25
5発で首位快走　盛岡に5―2

サッカー明治安田生命J3第20節は25日、各地で行われ、首位のFC琉球はタピック県総ひやごんスタジアムで12位のグルージャ盛岡と対戦し、5―2で快勝し首位をキープした。通算成績は11勝5分け3敗。

琉球は前半38分に右サイドを崩され先制を許したが、折り返し直前の同45分にオウンゴールで同点に追い付いた。後半も再びリードを許したが、同10分にMF富樫佑太が同点ゴール。さらにMF枝本雄一郎が逆転弾を決めると、MF中川風希、再び富樫が続き、ダメ押しした。

琉　球　5（1−1／4−1）2　盛　岡

琉球11勝5分3敗（38）盛岡7勝2分10敗（23）
▽得点者【琉】OG、富樫2（12）枝本（3）中川（7）【盛】谷口2（6）
▽タピスタ　▽観衆　886人

30歳枝本が逆転弾

リードされても2度追いつき、さらにゴールラッシュで計5得点。リーグ中断明けの「難しい試合」（金鍾成監督）でもFC琉球は強かった。首位を走るチームらしく、グルージャ盛岡に5−2で快勝し、リーグ終盤戦の優勝争いに向けて弾みをつけた格好だ。

1カ月ぶりのリーグ再開で前半は動きが硬く、同38分に失点。しかし前半終了前、MF富所悠のFKがオウンゴールを誘い同点とした。後半5分の失点にも、5分後にDF徳元悠平のクロスにMF富樫佑太が合わせ再び追い付いた。

ここからゴールラッシュに火をつけたのが、今月30歳になったばかりのMF枝本雄一郎だった。1995年生まれの選手の活躍が目立つ琉球の中で、「まだまだ若い選手には負けない」と奮起。5月以来の今季3得点目となるゴールで逆転に成功した。

金監督が攻撃の欠かせないピースとして期待を寄せる存在だ。指揮官が後半戦だけで10得点を求めている枝本は「苦しい試合に勝てているのは力がついてきた証拠。ゴールもアシストも重ねてチームが勝つプレーをしたい」と意気込む。

取られたら取り返す―。枝本が体現した強いスピリットが、J2昇格に向けての鍵となってきそうだ。

（新垣亮）

8・31　「糸満市民デー」をPR

サッカーJ3のFC琉球の金鍾成監督と糸満市出身のDF徳元悠平が8月31日、同市役所に上原昭市長らを訪ねた。2人は8日のFC東京U−23とのホーム戦で開催する同市在住や在勤、在学者を無料招待するイベント「糸満市民デー」をPRした。

9・2
連勝で首位守る　藤枝に1－0

サッカー明治安田生命J3第21節は2日、各地で行われ、首位のFC琉球は藤枝総合運動公園サッカー場で15位の藤枝MYFCを1－0で破り、2連勝した。通算成績は12勝5分け3敗。

琉球はスコアレスで折り返した後半18分、MF富樫佑太のゴールで先制。虎の子の1点を守備陣が粘り強く守り切った。富樫は今季通算13得点とし、得点ランキング1位に並んだ。

琉　球　1（0－0／1－0）0　藤　枝

琉球12勝5分3敗（41）　藤枝6勝3分10敗（21）
▽得点者【琉】富樫（13）
▽藤枝サ　▽観衆　977人

富樫スーパーゴール

FC琉球が藤枝MYFCを1－0で退けて2連勝した。4月末以降、これで12試合負けなし。無敗街道をひたすら突き進んでいる。

攻めあぐねてスコアレスで折り返した琉球は後半、エンジンがかかり始めた。同18分、DF金成純からのパスを受けたMF富樫佑太が角度のない右サイドから蹴り込むスーパーゴール。得点ランキングのトップに並ぶ通算13得点目を挙げ、「個人的に後半シュートを打ててなかったので、思い切り蹴った」と誇った。

ハーフタイムで無得点の前半を踏まえ、金鍾成監督は「こういう厳しいゲームはある。自分たちでどう変えていくか」と選手に奮起を促した。「最後まで相手の圧力を感じながらのゲームだったが、勝ち点3を取って帰ることが大事だった」と振り返った。

J3制覇に向け、「試練の9月」に入ったFC琉球。単独首位には立つが、5戦ある9月の浮沈が今季を左右しそうだ。次戦はホームで最下位のFC東京U－23戦。取りこぼせない戦いが続く。

9・8
3発3連勝　最下位の東京U23に勝利

サッカー明治安田生命J3第22節は8日、各地で行われ、首位のＦＣ琉球はタピック県総ひやごんスタジアムで最下位のＦＣ東京Ｕ－23と対戦し、３－２で３連勝した。通算成績を13勝５分け３敗とした。

琉球は２－１の後半38分、ゴール前の競り合いでハンドの判定を受け、ＰＫで同点に追い付かれたが、後半ロスタイムに途中出場のＤＦ屋宮大地が右クロスを上げると、ＭＦ中川風希が右足で合わせて劇的な決勝点を奪った。

琉球　３（２－１／１－１）２　ＦＣ東京Ｕ－23

琉球13勝５分３敗（44）　ＦＣ東京Ｕ－23４勝４分13敗（16）

▽得点者【琉】枝本（４）西岡（２）中川（８）【Ｆ】ジャキット（１）リッピベローゾ（ＰＫ）（４）

▽タピスタ　▽観衆　２３１７人

後半ロスタイムに決勝弾

この「勝ち点３」は大きい。首位を走るＦＣ琉球が後半ロスタイムに決勝ゴールを奪い、ＦＣ東京Ｕ－23を３－２で下した。

前半はこれまでの勢いそのままにＭＦ枝本雄一郎とＤＦ西岡大志が２ゴールを決め、２－１で折り返し。しかし後半残り時間10分の場面で、微妙な判定に見えたハンドの反則でＰＫを与え、同点とされた。

それでも気持ちは沈まなかった。「判定は覆らない。気持ちを切り替え、必ず来るチャンスを生かそう」。途中で足がつっても最後まで走り続けたＭＦ中川風希の足元へ、ボールは飛んできた。ＤＦ屋宮大地のクロスに右足で合わせて鮮やかなボレー。ゴールを狙って諦めずに攻める姿勢が結実した。

金鍾成監督は「選手たちが力を出し切った。よく頑張った」と喜んだ。県出身ＤＦの徳元悠平は「引き分けでなく、勝ち切れたことはチームの成長と強さの証しだと思う」。この劇的勝利を大きな自信につなげ、悲願のＪ３制覇に向かって突き進む。　（新垣亮）

9・15
14試合ぶり黒星　ガンバ大阪Ｕ23に０－２

サッカー明治安田生命Ｊ３第23節は15日、各地で行われ、首位のＦＣ琉球はパナソニックスタジアム吹田で8位のガンバ大阪Ｕ－23と対戦し、０－２で敗れ14試合ぶりの黒星を喫した。

通算成績は13勝５分け４敗。２位の鹿児島ユナイテッドＦＣが同日、勝利したため、勝ち点差は1に縮まった。

琉球は前半終了間際に先制されると、後半22分にも追加点を奪われた。攻撃陣は両サイドを中心に攻め上がったが、相手ゴール前でパスがつながらなかった。

Ｇ大阪Ｕ－23　２（１－０／１－０）０　琉　球

Ｇ大阪Ｕ－23９勝５分７敗（32）　琉球13勝５分４敗（44）

▽得点者【Ｇ】高木（４）食野（５）

▽パナスタ　▽観衆　８０４人

湿る攻撃　パス通らず

首位のＦＣ琉球がこれまで5戦全勝のガンバ大阪Ｕ－23に０－２で敗れ、手痛い1敗を喫した。無敗記録は13試合でストップした。

リーグ最多の得点数を誇る琉球だが、この日は自慢の攻撃が鳴りを潜めた。開始早々からボール保持できず、リズムに乗れない。徐々に右サイドを中心に攻め上がるが決定機を演出できずにいると、前半終了間際にクロスのクリアボールを相手に拾われ、ゴールにねじ込まれた。

後半、攻撃に厚みをかけるためシステム変更と選手交代で打開を図ろうとしたがパスの精度を欠き、シュートまで持ち込めない。手をこまねくうちに22分、中央のスペースを突かれて追加点を許した。

ＧＫ朴一圭主将は「ゴールに向かいながら、ボールを動かせなかった」と振り返った。

残り10試合。次戦は勝ち点差1まで詰め寄ってきた鹿児島との大一番だ。

朴主将は「Ｊ３の優勝争いは毎年最後までもつれる。このタイミングの負けは、ちょうどよかったのかも。ポジティブにやっていきたい」と気持ちを切り替えた。

9・22
鹿児島との大一番制す　4―0で勝利

サッカー明治安田生命J3第24節は22日、各地で行われ、首位のFC琉球はタピック県総ひやごんスタジアムで2位の鹿児島ユナイテッドFCと対戦し、4―0で首位攻防戦を制した。通算成績は14勝5分け4敗で、2位との勝ち点差を4に広げた。鹿児島は3位に転落した。

琉球は前半終了間際にMF富所悠のゴールで先制。後半も攻撃の手を緩めず、同5分にMF中川風希、同38分にMF富樫佑太が続いた。さらにロスタイムには富所がFKを直接決めてダメ押しした。

琉　球　4（1―0／3―0）0　鹿児島

琉球14勝5分4敗（47）　鹿児島12勝7分4敗（43）

▽得点者【琉】富所2（6）中川（9）富樫（14）　▽タピスタ　▽観衆　3386人

「縦へ」波状攻撃実る

首位攻防の大一番でFC琉球が磨いてきた〝超攻撃サッカー〟が全開し、鹿児島に4―0と快勝した。金鍾成監督は「ボールを動かしながら縦に入ることができた。すごく大事な試合で良い勝ち方だった」とうなずいた。

序盤はがっぷり四つで攻守が目まぐるしく入れ替わった。しかし前半終了間際、右サイドからのクロスに最後はMF富所悠が右足を振り抜いて先手を取った。後半早々にはFKにMF中川風希が頭で合わせて2点目。さらに同38分にはMF富樫佑太が続き、ロスタイムには再び富所が鮮やかにFKを決めた。

前線でのパスワークがかみ合い、相手DF陣を翻弄《ほんろう》。決して下がらず、相手が嫌がる狭いスペースを何度も突く波状攻撃がボディーブローのように効いた。決定力もこの日は抜群だった。

富樫は「決めたい時に決められたのが大きかった」と語る。2ゴール1アシストの富所は「プレッシャーがかかるのはここから。9試合あるのでまたここからだと思う」。勝ってかぶとの緒を締めるエースナンバ

ー「10」の言葉が頼もしく聞こえる快勝劇。Ｊ２へ視界は開けた。（新垣亮）

9・27 Ｊ２ライセンス交付

「昇格へ経営改善」

Ｊリーグは27日、来季のＪ１とＪ２の参加資格となるクラブライセンスの判定結果を発表した。Ｊ３のＦＣ琉球は県庁で会見し、Ｊ２参加のライセンス交付を報告した。現在14勝５分け４敗で首位を走る琉球の昇格が現実味を帯びる中での交付決定に、倉林啓士郎代表は「チームが結果を残してくれる中、フロントとしてかなりのプレッシャーがあった。胸をなで下ろしている」と安堵《あんど》の表情を浮かべた。

２０１７年度は２期連続赤字となったことから、昨年に続いて是正通達付きの交付となった。倉林代表はフロント人員や経営基盤の強化、ガバナンス改善を課題に挙げ「さらにスピードアップして質を高め、クラブとしての経営改善を進めていく」と述べた。

２位との勝ち点差は４で、残りはホーム４試合を含む９試合。県出身のＤＦ徳元悠平は「チームもいい雰囲気で試合をやれている中、本当にいい報告だった。絶対に優勝してＪ２に上がる」と決意を新たに。県協

Ｊ２ライセンス取得を報告した（右から）ＦＣ琉球の徳元悠平、倉林啓士郎代表、県協会の具志堅朗会長＝県庁

会の具志堅朗会長は「琉球がJ2に昇格できるよう、県民で応援していこう」と呼び掛けた。

また、J2昇格に向けて機運を高めようと、球団は28日からホーム戦のチケット2枚が付いた昇格応援タオルを発売する。ホーム4試合の共通チケットで価格は2千円。球団のオンラインショップで購入できる。

申請した全48クラブが資格を取得し、内訳はJ1が41クラブ、J2が7クラブ。J2水戸に解除条件付きでJ1ライセンス、J3秋田にはJ2ライセンスが新たに交付された。

9・30 連続の4得点で沼津を圧倒 4―1

サッカー明治安田生命J3第25節は30日、各地で行われ、首位のFC琉球は静岡県の愛鷹広域公園多目的競技場で暫定3位のアスルクラロ沼津を4―1で破り、1位の座をキープした。通算成績は15勝5分け4敗で勝ち点を50に伸ばし、2位に浮上した鹿児島ユナイテッドFCとの差を6に広げた。

琉球は前半45分、枝本雄一郎が中央からシュートを決めて先制。後半19分には富所悠が右足で追加点を挙げた。その後1点を返されたが、34分に増谷幸祐がコーナーキックを頭で押し込んで3点目を挙げ、40分には再び富所がGKのこぼれ球を蹴り込んで突き放した。

琉　球　4（1―0／3―1）1　沼　津

琉球15勝5分4敗（50）　沼津12勝7分5敗（43）
▽得点者【琉】枝本（5）富所2（8）増谷（1）【沼】石田（1）　▽愛鷹　▽観衆　1568人

最強の攻撃力　後半一気

リーグ最強の攻撃力を誇る琉球の〝矛〟が、今季最少失点を守る沼津の〝盾〟に4発浴びせ、粉々に打ち砕いた。前節の鹿児島戦に続く正念場の上位戦を4得点で突破。金鍾成監督は「選手たちの試合に臨む気持ちがぶれなかった結果」とうなずいた。

台風24号の影響で、チームは通常よりも早い3日前に現地入り。試合時間も急きょ1時間早まるなど、敵地での変則日程が続いた。だが朴一圭主将は「ひるまずにゴールへ向かうサッカーを貫こう」と、選手間の集中を高めた。

前半こそ、ゴール前での沼津の厚い守備に手こずったが、45分には中川風希のしぶといボール奪取から富所悠がワンタッチで枝本雄一郎に流し、待望の先制点が生まれた。

後半19分には富所が右足で追加点。「セットプレーが後半戦の新たな選択肢となっている」と、34分にはコーナーから増谷幸祐の今季初得点をお膳立てし、40分にはこぼれ球を冷静に決めるなど、2得点2アシストと大車輪の活躍だった。

これで2位鹿児島との勝ち点差は6となり、J2昇格への階段をまた一つ上がった琉球。それでも、唯一チームでJ優勝経験がある最年長の播戸竜二は「これから重圧の中でいかに勝ち切れるか」と楽観はしない。残り8試合、試練の戦いは続く。

（小笠原大介東京通信員）

アウェー戦 全力支援 FC琉球関東隊

FC琉球のアウェー戦に駆け付け、力強い声援を送るのは関東近郊のサポーターで組織された「FC琉球関東隊」のメンバーだ。SNSでの情報発信や試合速報のほか、応援歌詞カードの書かれた手作りのチラシをお菓子と一緒に配布するなど、工夫を凝らしたサポートで選手たちを後押しする。この日も台風24号の接近にもかかわらず、約20人が乗り込み声をからした。

リーダーの杉田智貴さん（43）は妻が沖縄出身という縁もあり、JFL時代から応援し始めた。「しばらく勝てない時代もあったが、みんな琉球が好きで集まった仲間。熱くなれるクラブがあるのは幸せ」と語る。

応援歴5年の川合佳代さん（49）は都内から駆け付けた。今季の琉球について「攻撃の幅があり、見ていてわくわくする。J2昇格の瞬間を見届けるべく、全力でサポートする」とエールを送った。

（小笠原大介東京通信員）

10・6 ホーム負けなし続く　北九州に1－0

サッカー明治安田生命J3第26節が6日行われ、首位のFC琉球はタピック県総ひやごんスタジアムで16位のギラヴァンツ北九州と対戦し、1－0で勝って3連勝した。通算成績は16勝5分け4敗で、勝ち点を53に伸ばした。

琉球は0－0で折り返した後半8分、左サイドの崩しからMF枝本雄一郎のグラウンダーのクロスにMF中川風希が左足で合わせて今季10得点目のゴールを奪った。守っては守護神の朴一圭主将がファインセーブを連発するなどし、北九州を零封した。

琉球　1（0－0／1－0）0　北九州

琉球16勝5分4敗（53）　北九州5勝6分13敗（21）

▽得点者【琉】中川（10）

▽タピスタ　▽観衆　2309人

GK朴が好セーブ連発

攻め込まれる時間が長くてもしぶとく守り、首位らしくワンチャンスを決めて勝利を収めた。FC琉球がギラヴァンツ北九州を1－0で退けて3連勝。いまだ無敗のホーム戦で、勝負強さを際立たせた。

試合は前半、共に攻め手を欠いてスコアレスで折り返し。後半、「積極的に攻めよう」という金鍾成監督の指示に攻撃陣が応えた。同8分、パスワークから左サイドを崩し、MF枝本雄一郎の低いクロスにMF中川風希が難しい体勢にもかかわらず左足でボレー。「流し込んだだけ」と言ってのけた一発で、鮮やかにゴールをこじ開けた。

その後は反転攻勢を受け、危ない場面を何度もつくられた。しかし、GK朴一圭主将が北九州の前に立ちはだかる。果敢に前に出てピンチの芽を摘み、1対1の場面ではシュートコースを消し、ゴールに鍵をかけた。金監督は「相手にペースをつかまれ、内容的には向こうのゲーム。それでも状況判断し、勝ち切ることができた。非常に価値が大きい」と勝利を振り返った。

これでホーム戦を負けなしの9勝4分けとした琉

球。残りの試合数が7とカウントダウンが始まる中、13日のホーム戦も白星をつかみ、J2への道を加速させる。

10・13 J2へ加速の4連勝 福島に3―0

サッカー明治安田生命J3第27節が13日各地で行われ、首位のFC琉球はタピック県総ひやごんスタジアムで9位の福島ユナイテッドFCと対戦し、3―0で勝って4連勝した。通算成績は17勝5分け4敗で、勝ち点を56に伸ばした。

琉球は前半18分、県出身DF徳元悠平の豪快なロングシュートで先制。同27分と前半終了間際にはMF中川風希が決めて、3―0と優位に立って折り返した。後半も守備陣が粘り強く守り、無失点に抑えた。

琉球 3(3―0／0―0)0 福島

琉球17勝5分4敗(56) 福島7勝12分7敗(33)

▽得点者【琉】徳元(2) 中川2(12) ▽タピスタ ▽観衆 2649人

積極攻撃 前半で一気

迷いのない思い切りの良さが強さを象徴している。FC琉球が福島ユナイテッドFCを3―0で破って4連勝し、今季ホーム戦負けなしで10度目の「勝利の歌」を響かせた。

この日、攻撃陣に着火したのは左サイドバックで県出身の徳元悠平。前半18分、右サイドから流れてきたクロスに左足を思い切り振り抜いて、強烈なロングシュートで先制点を奪った。

先手を取った琉球はさらに畳み掛けた。MF富樫佑太やFW和田凌らが積極的にシュートを放ち、福島守備陣をたじろがせた。

同27分、CKからのこぼれ球にMF中川風希が追加点。さらに前半終了間際には裏に抜け出した中川が再び流し込んで、前半で一気に試合を決定づけた。

金鍾成監督は「後半にペースが落ちて追加点が入らなかったのが今の力。90分間、立ち止まることがないようトレーニングしていく」と浮かれることなく手綱を締める。

試合後にサポーターが掲げた横断幕には「優勝めざし気持ちひとつ」の文字。2得点の中川は「誰一人油断している者はいない。1試合1試合、気を引き締めて戦っている結果」と言い切る。団結ムードがさらに高まっている。

（新垣亮）

徳元、先制弾

県出身DFの徳元悠平が強烈なロングシュートを放ち、先制ゴールを決めた。今季2得点目、ホームでは初得点。「恩返しをしたい気持ちが強い。大事な試合で決められて良かった」と胸を張った。

派手なゴールにも、「試合中ずっと狙っていた。驚くくらい冷静だった」。

ゴール後は金鍾成監督の下へ走った。抱き合って共に喜んだ指揮官は「1年目で周りに合わせてしまう部分があったので、好きに思い切り行けと話していた。積極的なプレーがゴールにつながってうれしい」と褒めたたえた。

10・20
逆転で5連勝　鳥取に3―1

サッカー明治安田生命J3第28節は20日、各地で行われた。リーグ首位のFC琉球は鳥取県のとりぎんバードスタジアムで5位のガイナーレ鳥取と対戦し、3―1の逆転勝ちで5連勝を果たした。通算成績18勝5分け4敗で、勝ち点を59に伸ばした。同日、2位鹿児島も勝ったため、勝ち点差は11のまま。

琉球は前半13分、右CKから失点。0―1で折り返した後半9分、MF富樫佑太が相手ゴール前で粘ってキープし、最後は右足を振り抜いて追いついた。さらに試合終了間際のロスタイム、MF枝本雄一郎とMF中川風希が相次いでゴールを奪い、劇的な逆転勝利を収めた。

琉　球　3（0―1／3―0）1　鳥　取

琉球18勝5分4敗（59）　鳥取11勝6分9敗（39）
▽得点者【琉】富樫（15）枝本（6）中川（13）【取】西山（5）　▽とりスタ　▽観衆　3034人

Vロード快走

この強さと勢いは、もうどこにも止められない。リーグ独走態勢を築いている首位のFC琉球が、引き分けかと思われたロスタイムに2発の逆転劇。5位ガイナーレ鳥取を3－1で振り切り、初の5連勝を飾った。

前半はなかなかシュートまで持ち込めず、13分にCKから失点し折り返した。しかし、今季の真骨頂は後半の強さ。じわりと攻め込むと9分、MF富樫佑太が相手ペナルティーエリア付近で粘り、最後は右足を振り抜いて同点とした。そして劇的な瞬間がロスタイムに訪れる。MF枝本雄一郎が巧みな技術で相手DFをかわして逆転ゴール。さらに2分後にはMF中川風希がダメ押し弾を決め、鳥取サポーターを沈黙させた。

また一歩、J3制覇とJ2昇格への階段を昇った琉球。逆転弾を放った枝本は「素直にうれしいのと同時に、もっとチームが点を取れるように改善したい。一つ一つ積み重ねる」と力を込めた。

次戦はアウェーでのAC長野パルセイロ戦。金鍾成監督は言い切った。「あと1、2回勝てば昇格できる。このままの勢いで一つでも早く結果を出して昇格したい」。てっぺんまで一気に駆け上がる。指揮官の言葉に力強さが増してきた。（新垣亮）

10・28
J2昇格は持ち越し　長野相手に執念ドロー

サッカー明治安田生命J3第29節で首位のFC琉球は28日、長野Uスタジアムで AC長野パルセイロと対戦し、1－1で引き分けたため、J2昇格の2位以内確定は次節以降に持ち越された。引き分けで勝ち点を60とし、次節の3位のザスパクサツ群馬戦で引き分け以上なら自力での優勝とJ2昇格が同時に決まる。

前半を攻めあぐねて0－0で折り返した琉球は後半も何度か好機をつくったが、得点を奪えずにロスタイムで先制を許した。だが最後に粘り強さを発揮し、残り数十秒で途中出場のMF朴利基のゴールで追い付き、勝ち点1をもぎ取った。

長　野　1（0－0／1－1）1　琉　球

長野7勝11分9敗（32）琉球18勝6分4敗（60）
▽得点者【野】三上（4）【琉】朴利基（2）
▽長野U　▽観衆　2993人

終了間際　1発ねじ込む

負けないことも今季の強さの証しだ。FC琉球が試合終了間際の一撃でAC長野パルセイロに追い付いて引き分け、勝ち点を昇格ラインの「60」の大台に乗せた。J2昇格は次節のホーム戦に持ち越したが、金鍾成監督は「沖縄で昇格を決めるチャンスを得た。全力でつかみにいく」。天王山の舞台は整った。

JFL時代からの難敵・長野ペースで試合は進み、琉球は激しいプレスに苦しんだ。後半はFW和田凌のシュートがポストに阻まれ、途中出場のMF金成純、FW播戸竜二らが盛り返そうとしたが主導権は握れず。0―0のロスタイム、長野に左からのクロスを合わされ、先制点を奪われた。

しかし、最後まで諦めない姿勢が前節から続くロスタイムのドラマを生む。残り1分を切り、GK朴一圭主将が前線に飛び出した。途中出場のMF朴利基からMF枝本雄一郎にボールが渡り、ドリブルで切り込んでシュート。相手DFに当たったこぼれ球を朴利基が左足でねじ込み、残り数十秒で勝ち点1をもぎ取った。

朴利基は「負けないのは重要だった。次につながる」とうなずいた。一方、金監督は「積極性が欠けていた。負け試合だったことを認識しなければならない」と厳しい言葉を放った。

指揮官が徹底して求めるのは超攻撃的スタイルの貫徹だ。朴一圭主将は「リスクがあってもトライする」。J3優勝やJ2昇格を、守りに入って決めるつもりは毛頭ない。

（新垣亮）

枝本　同点弾アシスト

執念の同点弾をアシストしたのはMF枝本雄一郎だった。前節の鳥取戦でのロスタイムに放った逆転弾に続き、この日の長野戦でも最後まで攻め続ける姿勢が同点ゴールを呼び込んだ。

「琉球は無得点で試合を終えるようなチームじゃな

い」。圧倒的な攻撃陣の中で、ゴールにつながるシュートやパスが武器の選手だ。ロスタイムの同点弾の演出も、枝本が仕掛けた中央突破のドリブルから相手をかわして放ったシュートの直後に生まれた。

「難しい試合で自分たちの良さがあまり出なかった」と苦戦した試合を振り返った一方で、「自分の特徴でもあるプレーで結果を残したいという強い気持ちがあった」と胸を張った。

「次はホームなのでたくさんの人が応援に来てくれると思う。沖縄のために全力で戦って勝ちたい」と力強く語った。

（新垣亮）

西岡、打開図る

なかなか絶好機がつくれない中でDF西岡大志が右サイドを駆け上がり、突破口を開こうとした。

「押し込まれていたので流れを変えたかった」とサイド攻撃を何度も仕掛けた。「アウェーなので難しくなるのは予想できた。勝ち点1を奪えたのは評価できる」と述べた。

その上で「もっと積極的に相手の裏を取るプレーをしたい。あしたからまたしっかりトレーニングを重ねたい」と次戦をにらんだ。

11・1掲載
J2昇格へ「勝利給」　セノン社

サッカーJ3首位のFC琉球のJ2昇格を後押ししようと、ユニホームトップパートナーのスポンサーである株式会社セノンと小谷野宗靖社長は残り10試合となった9月22日の24節・鹿児島ユナイテッドFC戦から勝利給を出している。総額は約1千万円を見込む。

支給を始めてから5試合は今季初の5連勝を収め、昇格が懸かった29節の長野パルセイロは引き分けと好調を維持している。

MF富所悠選手は「昇格・優勝争いができていることを幸せに感じる。セノン様からの勝利給など、いろいろな方の大きな期待を感じている」とチームを通じてコメントを出した。

各選手は個別の契約によって勝利給を受けており、

セノンの勝利給は追加となる。10試合で総額1千万円を用意するのはJ3では異例の高額とみられる。

各試合でMVPと敢闘賞、殊勲賞の3人には小谷野社長がポケットマネーで出し、ベンチ入りを含む出場選手には社から一律で支払われる。

セノンによると、支給のきっかけは6月16日に東京であった第14節終了後の食事会。選手と社員が懇親を深める中、残り10試合で優勝争いができた場合に勝利給を用意すると小谷野社長が約束した。

ＦＣ琉球の富所悠選手（左）にＭＶＰ賞を手渡すセノンの小谷野宗靖社長＝10月5日、県内（ＦＣ琉球提供）

当時は首位から勝ち点6差の4位。小谷野社長は「その時はまさかこのような快進撃になるとは…。うれしい誤算でした」と振り返る。その上で「選手たちが新たなステージ（Ｊ２）で活躍する姿を早く見たい」と期待した。

11・3
J2昇格、J3初制覇達成　群馬に4－2

サッカー明治安田生命J3第30節で首位のFC琉球は3日、タピック県総ひやごんスタジアムで3位のザスパクサツ群馬に4－2で快勝して勝ち点を63に伸ばし、残り3試合を残して初の優勝を決めた。同時に、来季からのJ2昇格を決定。スタジアムには今季ホーム戦最多となる7810人が集まり、歴史的快挙達成の喜びを分かち合った。

琉球は前半2分に中川風希のヘッドで先制し、同16分に和田凌が追加点を挙げて2－0で折り返した。後半は2失点したものの攻撃の手を緩めず2点を追加し、振り切った。

Ｊ３参入５年目の琉球は就任３年目の金鍾成監督の下、リスク覚悟で攻め続ける「超攻撃的サッカー」を展開。７月７日の第17節で首位に浮上して以降、一度もその座を譲らない圧倒的な強さで独走態勢を築いた。通算成績は19勝６分け４敗となった。

琉球は２００３年、沖縄かりゆしＦＣの元メンバーが集まり、発足。「沖縄から初のＪクラブ誕生」を目指して県３部からスタートし、九州リーグ、日本フットボールリーグ（ＪＦＬ）を経て、２０１４年シーズンから新たに誕生したＪ３を舞台に戦ってきた。

金監督が指揮を執った16年は８位、17年は６位と着実に順位を上げた。金監督は「選手がプライドを持って戦ってくれた。Ｊ２でさらに進化していく」、クラブを運営する倉林啓士郎社長は「沖縄に根差したチームになりたい」と語った。

県サッカー協会の伊江朝睦名誉会長は「紆余《うよ》曲折あったが、長年の思いが実り夢のようだ。子どもたちの励みになる」と喜んだ。

貫いた「超攻撃」

最後まで愚直に攻め続けた。ＦＣ琉球は３日のザスパクサツ群馬戦でもリスク覚悟の超攻撃スタイルを貫いて群馬に４―２で勝利し、創設15周年の節目にＪ３優勝とＪ２昇格を同時に成し遂げた。今季ホーム戦を11勝４分けとし、〝ホーム無敗伝説〟もさらに伸ばした。

琉球は前半立ち上がりから一気に攻め立て、２分にＦＫからＭＦ中川風希が頭で先制。同16分にはＦＷ和田凌が追加点を奪った。後半４分にはＭＦ富樫佑太、同21分には再び中川が決めた。２点は返されたが、超攻撃スタイルを最後まで貫いた。

琉　球　４（２―０／２―２）２　群　馬

琉球19勝６分４敗（63）　群馬14勝５分９敗（47）

▽得点者【琉】中川２（15）和田（６）富樫（16）【群】山崎（１）風間（６）

▽タピスタ　▽観衆　７８１０人

躍動４発　自力昇格に祝砲

失点リスクを恐れない怒濤《どとう》の攻撃。ＦＣ琉球の自慢の攻撃陣が天王山の一戦でも躍動し、４―２でザスパクサツ群馬の堅守を粉砕した。Ｊ３の頂点に登り詰め、悲願のＪ２昇格を沖縄の大観衆の前で決めてみせた。

試合はいきなり序盤で動いた。前半２分、ＭＦ富所悠のＦＫにＭＦ中川風希が体を投げ出して頭で合わせて先制。「早い時間帯でペースをつかめて良かった」と胸を張った。

14分後に続いたのはＦＷ和田凌。右サイドからのクロスに滑り込んで追加点を奪った。ルーキーらしからぬ前線でのプレーに、「いつもの練習の形。意思疎通ができているからこそ生まれたゴール」と喜んだ。

２―０で折り返したハーフタイム。ロッカールームでは自然と「３点目を狙うぞ」との声が上がった。

後半も愚直に攻め続けた。一つのプレーごとに、かつてない大声援が送られる。４分、ＭＦ富樫佑太の１発が流れをさらに引き寄せ、最後は再び中川がダメ押しの４点目。１９９５年生まれの３人で４ゴールを奪った。２得点の中川は「琉球らしい攻撃ができた」と声を弾ませた。

３人のほかにも富所やＭＦ枝本雄一郎らが攻撃にアクセントを加え、どこからでもゴールを狙うなど、相手ＤＦの脅威となった。

何度はね返されてもひるまずに攻めたイレブンに、金鍾成監督は「積極的に攻めてくれた。選手たちを誇りに思う」と感慨深げ。歴史的な日に立ち合った７８１０人の観衆も同じことを感じたはずだ。これが琉球の求めてきた「超攻撃サッカー」だ。（新垣亮）

10番富所　献身プレー

チーム最古参の７年目、日本リーグ（ＪＦＬ）時代を知る〝ミスター琉球〟富所悠が優勝と昇格が懸かる大一番で本領を発揮した。

前半２分、左サイドから放ったＦＫがＭＦ中川風希のヘッドを呼び込み、先制点を生んだ。その後もセットプレーの起点として、中盤の要として、攻撃のスタイルを貫くチームをけん引した。

ＦＷだった昨季のチーム得点王は今季、ＭＦにポジションを変えた。チーム３番目となる8得点だけでなく、ＦＫの名手としてアシストも量産。「以前は自分が自分がという気持ちが強かったが、チームに貢献したいという気持ちが強くなった」という。

ＪＦＬの長野から移籍して7年がたち、28歳になった。「長かった。ずっとこの瞬間を待っていた」。昇格を決めると、自然と涙がこみ上げた。

次はいよいよＪ２の舞台。ゴールに直結するプレーで琉球の超攻撃的サッカーを体現してきた背番号10は「攻撃的なサッカーをそのままぶれずにやっていく」と若き琉球を引っ張るつもりだ。

（富山学）

元代表播戸　若手けん引

開幕前から「Ｊ３で優勝」を公言していたのが元日本代表ＦＷ播戸竜二だ。後半38分に途中出場し、大歓声を受けた。得点こそ挙げられなかったが、「優勝の瞬間をピッチで味わえて良かった。目標が実現して満足感がある」と語った。

Ｊ１大宮からＪ３へ。大宮ではけがも多く、引退も脳裏によぎった。琉球から誘いを受けたとき、「これまでのポジティブな挑戦に比べ不安もあった」。だが、持ち前の明るさで新たな環境に溶けこむには時間はかからなかった。「沖縄でサッカーの楽しさを再確認することができた」と話す。

優勝という目標を明確に持って突き進むことを求めた。経験の少ない若手に３部という「負い目」を持つのではなく、誇りと思える「勲章」を得て自信をつけてほしいとの思いがあったからだ。

39歳のストライカーは若いチームに経験と自信という力を与えた。「プレーをする上で若手もベテランも関係ない。自分がやれることをしっかりやろうと思っていた」。勝ちにこだわる流儀でチームを変えた。

（新垣亮）

富樫16得点　リーグ２位

「今年は裏に抜けることを意識している」。ＭＦ富樫佑太が言葉通りに後半４分、右サイドから抜け出した。試合を決定付けた３点目は、今季チーム最多を突っ走る16ゴール目。Ｊ３の得点ランキングで日本人トップに立ち、全体でも単独2位に躍り出た。

若き得点源の成長ぶりに、金鍾成監督は「相手の裏やスペースを突き、ゴールに直結するプレーを求めてきた。それができるようになった」と目を細めた。

東京都出身の22歳で、今季活躍した「95年組」の一人。国学院久我山高時代にＦＣ琉球ＧＭの李済華（リ・ジェファ）氏から教えを受けた〝秘蔵っ子〟だ。

元々、足元のうまさには定評があったが、昨年は2得点にとどまった。今季は自己管理を徹底し、結果につなげた。得点王とは現在5点差。「5点じゃ足りない。もっと取って、やるからには目指したい」と貪欲にタイトル獲得を狙う。

（當山学）

主将の朴　チーム鼓舞

今季のチームが始動する前、新主将に自ら立候補したのが28歳のＧＫ朴一圭だった。これまでのサッカー人生でキャプテンの経験はなかったが、「自分に大きなプレッシャーをかけて成長したかった」。最後尾からのコーチングで、選手たちに声を張り上げて鼓舞。時にはボールをキャッチすると、速攻のスイッチを押す攻撃的な守護神としてゴール前に君臨した。

「サッカー選手としての朴一圭をつくってくれた存在」が金鍾成監督だ。高校や大学でも指導を受けてきた。「これまでタイトルに遠かった鍾成さんを早く男にしたかった」と語る。

試合終了後、選手の誰よりも先に金監督の胸に飛び込んだ。師弟愛を胸にシャーレ（優勝皿）を高々と掲げ、「ホームで負けないチームが上に行くと改めて分かった。Ｊ２はより厳しいシーズンになるが、背中を押してほしい」。大声援を受けて大きく胸を張った。

歴代関係者　昇格に感慨

「心から祝福」「さらなる飛躍を」――。15年を経てＦＣ琉球が成し遂げたＪ３制覇とＪ２昇格。歴代監督や元選手、クラブ運営に関わった関係者らが喜びの声を寄せた。

設立に尽力した野口必勝さんは「創設時からのベン

ガラのユニホームがJリーグのピッチで躍動する日を願い続けていた。たすきをつないで存続してきた奇跡のクラブ」と喜んだ。

立ち上げ時のメンバーで、元主将の望月隆司さんは「アルバイトを掛け持ちして、やっと生活できる時代もあったがスタッフ、サポーター、地域の人たちの熱意があったからこそ乗り越えられた」と感慨深げだった。

初代選手兼監督の新里裕之さん（現栃木SC強化部長）は「県民の応援が、いつしかクラブの力になったのでは」と分析。来季は同じJ2で顔を合わせる。「サッカーファミリーの一員として共にJ2を盛り上げたい」とコメントした。

県リーグから日本フットボール（JFL）にチームを引き上げた与那城ジョージさん（現J・FC　MIYAZAKI監督）は「チームができて15年、J2に上がれるのは素晴らしい」とたたえる。「琉球のスタイルが確立できたからこそ結果につながったと思う。J2でも続けてほしい」と期待を込めた。

2004～06年に選手として活躍した藤吉信次さん（現東京ヴェルディトップチームコーチ）は、ユニホームも練習場所もなかった時代を振り返り、「クラブに関わる人の情熱がつながり昇格がある。沖縄にしかできない」とうなずく。

07年に総監督に就いた元日本代表監督のフィリップ・トルシエさんは「長いマラソンの先に、J2というプロフェッショナルクラブファミリーの一員となるところまで来た。このプロセスに関わることができて誇りに思う」とコメントした。

経営に携わった沖縄ドリームファクトリー代表の椨原信行さんは「苦しい時期を乗り越え、よく踏ん張って願いをかなえてくれた。いろいろな人の思いと尽力があってJ2昇格の礎が築かれた」と思いを語った。

JFLとJ3でチームを率いた薩川了洋監督（現奈良クラブ監督）は「苦しい時期も経験した中で、チームが一つになったことが結び付いた」とうなずく。「サポーターも含め、皆さんにおめでとうと言いたい。J2の1年目は、まずは残留すること。そこから琉球らしく、コツコツ上がっていってほしい」とエールを送った。

今季の数字 1試合平均2点、ホーム負けなし

今年のFC琉球は強かった。就任当初から金鍾成監督が掲げたのは「3―1で勝つサッカー」。パスを回しながらのポゼッション（ボール保持）で相手の隙をうかがい、左右や中央と縦横無尽に相手ゴールを目指した。

今季の戦いぶり（11月3日現在）を数字で見ると、総得点はリーグ断トツの64点。1試合平均は2・21点で唯一の2点台だ。失点数も29点で1試合平均1・07点とリーグ4番目の低さで、攻守での強さがみて取れる。シュート数は唯一の300点を超える347本で、ゴール前での積極的な姿勢が得点に結び付いた。

さらに時間別得点を見ると、総得点の約3割に当たる19点が後半31分以降に決まっており、終盤の得点能力の高さが結果にも結び付いた。

ホーム戦の結果は11勝4分けの負けなしと、〝無敗記録〟が続いている。

11・11
8戦ぶり黒星 大阪U23に0―6で大敗

サッカー明治安田生命J3第31節が11日、各地で行われた。J3優勝とJ2昇格を既に決めている首位のFC琉球はヤンマースタジアム長居で7位のセレッソ大阪U―23と対戦し、0―6で大敗。8試合ぶりの黒星を喫した。通算成績は19勝6分け5敗。

優勝を決めた前節の群馬戦から先発6人を入れ替えた布陣で臨んだ琉球は、前半から失点を重ねて0―3で折り返し。後半はMF中川風希、DF増谷幸祐、MF枝本雄一郎といった主力を投入したが、さらに3失点し今季3度目の無得点で試合を終えた。

C大阪U―23 6（3―0／3―0）0 琉 球

C大阪U―23 12勝7分10敗（43） 琉球19勝6分5敗（63）

▽得点者【C】中島2（6）船木（2）斧沢（4）米沢2（12）

▽ヤンマー　▽観衆　１０１２人

主力外し6失点「もろさが出た」

ＦＣ琉球は主力を先発から外し、これまで出場機会の少なかった選手にチャンスを与えたが、それを差し引いても6失点はいただけない。Ｊ３王者の攻撃力も鳴りを潜め、０－６でセレッソ大阪Ｕ－23に大敗した。

試合開始早々から積極的にボールを奪いに来る相手に苦しんだ。前半６分に左サイドから崩され先制を許すと、立て続けに失点し０－３で折り返した。後半は主力メンバー３人を投入するなどして盛り返しを図ったが、攻守がちぐはぐでさらに失点を重ねる結果に。

金鍾成監督は「１人でも応援してくれる人に最後まで全てを出してやり切る姿勢を見せなければ、優勝したことよりも大事なものを失いかねない」と厳しい口調で語り、「僕自身責任を感じている」とした。ＭＦ富樫佑太は「（朴一圭主将や富所悠といった）締める人間がいなくなるとこうなるという、もろさが出た」と語る。

今季残り2試合。次戦の今季最後のホーム戦で〝無敗伝説〟を打ち立てて挽回したい。

11・23 ホーム最終戦 〝無敗伝説〟相模原に5－1

サッカー明治安田生命Ｊ３第33節は23日、各地で行われ、Ｊ３優勝とＪ２昇格を決めている首位のＦＣ琉球はタピック県総ひやごんスタジアムで10位のＳＣ相模原と対戦し、５－１で大勝して今季ホーム戦負けなし（12勝４分け）を達成した。通算成績は20勝６分け５敗。

琉球は持ち味の攻撃がさえ、前半26分にＦＷ和田凌のゴールで先制。８分後にＭＦ富所悠が続いた。後半に入ると1点を返されたが、ＭＦ枝本雄一郎、再び直接ＦＫを富所、さらにＭＦ中川風希が続いて計5得点で圧勝した。

琉球は24日午後2時10分から沖縄市のコザミュージックタウン音市場周辺の国道３３０号で優勝パレードを行った後、セレモニーを開く。26日午後３時から県庁での優勝とJ２昇格報告も予定している。

５発に自信と風格

ＦＣ琉球が本領発揮の５ゴールで〝ホーム無敗伝説〟をつくった。サッカー明治安田生命Ｊ３第33節で琉球はＳＣ相模原に５―１で大勝して、今季ホーム戦負けなし（12勝４分け）を達成。これで昨年９月から合わせて、21戦の無敗記録を伸ばした。

琉球は前半から両サイドを中心に積極的に攻めてＭＦ富所悠が２ゴールと活躍。攻撃の手を最後まで緩めない琉球はＦＷ和田凌、ＭＦ枝本雄一郎、ＭＦ中川風希もゴールを決めて圧勝した。通算成績を20勝６分け５敗とし、勝ち点を66に伸ばした。

琉　球　５（２―０／３―１）１　相模原

琉球20勝６分５敗（66）　相模原11勝６分14敗（39）

▽得点者【琉】和田（７）富所２（10）枝本（７）中川（16）【相】大塚（１）

▽タピスタ　▽観衆　４５６２人

前半34分、２点目を決める琉球の富所悠（10）

エース富所、奮発2得点

ＦＣ琉球が計5発を浴びせてＳＣ相模原を５―１で下し、ホーム16戦無敗の金字塔を打ち立てた。

否が応でも注目が集まるホーム最終戦。指のけがで手術したＧＫ朴一圭に代わってキャプテンマークをつけたのは7年目のＭＦ富所悠だった。ＪＦＬから琉球に所属する最古参の〝ミスター琉球〟が、役者の違いを見せつけた。

前半26分にＦＷ和田凌が先制点を奪うと、８分後に自身が出したパスのこぼれ球に右足一閃《いっせん》。欲しい追加点を奪った。

後半は1点ずつを取り合い、３―１で迎えた同18分、得意のＦＫで「相手に分析されている」と裏をかいて遠目のコースを狙い、ダメ押し点を奪った。５点目はＦＫを右サイドの西岡大志に流しＭＦ中川風希の強烈なヘディング弾をお膳立てした。

この日の2得点で今季10ゴール目。セレモニーで金鍾成監督は「選手たちは一度も後ろを振り向くことなく、前を向いてくれた」と誇った。紛れもなくエースナンバー10を背負う富所もその一人だ。「攻撃陣が自信を持って攻めることができた成果」と強調し、「こういう素晴らしい形を継続してＪ２でも頑張りたい」。頼もしい言葉に風格さえも漂わせた。

（新垣亮）

攻撃推進　枝本の技

ＭＦ枝本雄一郎が左足を振り抜き相手ＧＫの動けないコースに3点目を決めると、左胸の琉球のエンブレムにキスし、金鍾成監督とハイタッチした。２―１で迎えた後半15分、今季藤枝から新加入した即戦力が貴重な追加点を奪った。

金監督をして「琉球の攻撃サッカーの軸となった選手。彼がいなかったらこの結果はなかった」と言わしめる存在だ。

昨年、金監督が藤枝に直接赴いて琉球入りを誘った。琉球の「前へ」の推進力を発揮するには欠かせない技術の高さが持ち味だ。

枝本は「スタイル的には自分に合うと感じていた。

フィットするまでそんなに苦労することはなかった。鍾成さんに呼んでもらって優勝できて良かった」と話す。「夏も好きだし、自然と気持ちも入る。沖縄は戦いやすい」という30歳。若手に負けじ、と存在感をさらに光らせていく。

最年少小松　攻守つなぐ

今季の躍進を支えた一人がMF小松駿太だ。チーム最年少で今月7日に21歳になった。前線と最終ラインのつなぎ目となる位置から攻撃のスイッチを入れるなどの役割を担った。

チームはシーズン途中から、より前掛かりに人数をかけるシステム「4―1―4―1」を採用したことが、うまく機能した。「前の選手が自由に攻めることができるようにして、セカンドボールも奪う意識を心掛けていた」と言う。YS横浜から新加入し、「沖縄の温かさやのんびり具合が自分には合っているのかも」。

来季に向けて「初めてのJ2だが恐れることなく、思い切りやりたい。これまでのようにチャレンジと修正を繰り返していければいい」と語った。

朴主将　サポーターに感謝

試合後のセレモニーではスタッフや選手のほか、フロントや下部組織の子どもたちがピッチに上がり、集まったファンやサポーターに感謝した。

倉林啓士郎社長は「これまでの歴史は決して平たんではなかったが、皆さんのサポートがあってJ2で戦えることになった」と感謝の言葉を連ねて、「もっとチームは良くなる自信や確信がある。来年はJ1ライセンス取得を目指す」とあいさつした。

指の手術のため出場機会のなかったGK朴一圭主将は「FC琉球に関わる全ての人の力で勝ち取った優勝と昇格だ」と話した。

クラブからはサポーターグループに「琉球魂」と記された巨大旗が贈られた。

ホーム平均観客　初の3千人超え

今季、琉球のスタジアムは盛り上がった。ホーム戦の入場客数は今季16試合で平均３１４６人。昨年より６３８人増え、Ｊ３参入後、初めて３千人を超えた。

２０１４年は５２０人だった試合もあったが、スタジアム内外のイベントや食事ブース設置などの地道な取り組みも実った。

23日のホーム最終戦では４５６２人が集まった。来季からはＪ２に戦いの場を移す。ハイレベルな戦いとともに相手チームとの応援合戦も熱を帯びそうだ。サポーターやファンの熱い声援で選手の背中を押したい。

11・24 沖縄市で優勝パレード

サッカーＪ３優勝とＪ２昇格を果たしたＦＣ琉球の選手らが24日、沖縄市の国道３３０号で優勝パレードを行った。沿道にはファンやサポーターが詰め掛け、頂点に立った喜びを分かち合った。25日まで開かれる「沖縄国際カーニバル２０１８」の一環。

23日のホーム最終戦で相模原に５－１と圧勝し、12勝４分けで今季ホーム戦での無敗を達成した琉球は、パレードの先頭を切って行進した。元日本代表のＦＷ播戸竜二やＭＦ富所悠らが手を振りながら声援に応え、沿道のサポーターが応援歌を歌って盛り上げた。

ＧＫ朴一圭主将のファン、三浦空昊《そら》さん（美原小６年）は「10試合ほど見に行ったが強かった。自分も美原クラブでキーパーをしている。キャプテンのようになりたい」と目を輝かせていた。

子どもたちと一緒にパレードするＦＣ琉球の選手ら＝沖縄市

「皆さんと日本一に」 支えに感謝

ホームタウンの沖縄市で24日、サッカーJ3優勝とJ2昇格を決めたFC琉球が優勝パレードとセレモニーを行った。金鍾成監督が多くのサポーターやファンを前に「皆さんと一緒に日本一のチームをつくるぞ、つくろう」と声を張り上げると、大きな拍手が湧き起こった。

23日の相模原戦で〝ホーム無敗〟を達成したFC琉球の選手たちは疲れた表情を見せず、サポーターやファンと触れ合った。

クラブ運営会社の倉林啓士郎社長は、ホーム無敗達成について「2006年のJ1浦和に続く2番目の偉業」と紹介。「J2では東京Vや千葉、京都、新潟などのビッグクラブと戦うことができる。さらに進化して面白い試合を共に楽しめるよう成長したい」とあいさつした。

ホーム最終戦で2得点と活躍した富所悠は「来年はJ2で優勝できるよう頑張る」、播戸竜二も「J2でも優勝して、J1に上がりたい」と目標を掲げた。

セレモニー後、多くの子どもたちからサインをねだられていたFW和田凌は「サポーターやファンとの距離感が近い。沖縄のサッカー熱も確実に上がっている。12月2日のアウェーでの最終戦も、積み上げたものをしっかりと出し切りたい」と意気込んだ。（新垣亮）

11・26 県庁で優勝報告

サッカーJ3優勝とJ2昇格を果たしたFC琉球の報告会が26日、県庁1階の県民ホールで開かれた。優勝トロフィーとシャーレ（優勝皿）を前に誇らしげな選手たちは、玉城デニー知事から祝福を受け、来季J2での奮闘を誓った。

クラブの倉林啓士郎社長は「まだまだ強くなれる。県民の皆さんと、J2を勝ち切ってJ1に上がる目標を胸に戦いたい」とあいさつ。金鍾成監督は「選手一人一人が自主性や主体性をゲームで表現したことが結果につながった」、GK朴一圭主将は「J2でも琉球旋風を巻き起こせるよう頑張る」と決意を述べた。

優勝を決めた3日の群馬戦を観戦したという玉城知事は「躍動感あふれるプレーにくぎ付けになった」と振り返り、「来季はJ2のハイレベルな試合を沖縄で観戦できることを楽しみにしている。J2でも持ち前の爆発的な攻撃力と勝負強さを発揮し、情熱あふれるプレーで県民を魅了してほしい」と期待した。

11・26 三上氏と廣崎氏 新たに取締役に

サッカーのFC琉球を運営する琉球フットボールクラブ（倉林啓士郎社長）は26日、臨時株主総会を開き、株主のFCRマーケティング提案の取締役2人を選任する議案を可決した。

新たに加わる取締役は三上昴氏（31）と廣崎圭氏（48）。三上氏は筑波大学大学院卒業後、ゴールドマン・サックス証券に勤務した。筑波大では蹴球部に在籍した。廣崎氏は早稲田大学卒業後、SC鳥取を経て2014年からはJリーグマッチコミッショナーも務めた。

12・2 敗戦もJ2へ糧 富山に1－2

サッカー明治安田生命J3で優勝とJ2昇格を決めている首位のFC琉球は2日、富山県総合運動公園陸上競技場で12位のカターレ富山と対戦し、後半ロスタイムの失点で1－2と敗れ、今季最終戦を飾れなかった。

今季の通算成績は20勝6分け6敗で、勝ち点は66。琉球と同じくJ2昇格を決めた2位の鹿児島に勝ち点差9をつけた。

前半終了間際の同43分に先制を許した琉球は後半33分にCKからDFの増谷幸祐の同点弾で追い付いたが、ロスタイムに決勝点を奪われた。

富　山　2（1－0／1－1）1　琉　球
富山12勝5分15敗（41）　琉球20勝6分6敗（66）
▽得点者【富】前嶋（7）佐々木一（2）【琉】増谷（2）　▽富山　▽観衆　4124人

増谷の同点ゴール実らず

リーグ覇者のプライドを懸けて有終の美を狙った琉球は、終始富山にペースをつかまれ黒星での終戦。敵地に駆け付けたサポーターに白星を送れず、金鍾成監督は「どう1年を終えるか大事な試合だったが、非常に悔しい。もっと積極性が見たかった」と厳しい表情だった。

富山の厚いプレスと激しい球際の前に、攻撃のスイッチとなるパスワークが生まれない。逆に攻勢を仕掛ける富山に前半終了間際、ペナルティーエリアへの進入から先制点を奪われた。

後半33分、MF富所悠のコーナーキックから「相手が触る前に足を伸ばせた」とDF増谷幸祐が右足で同点弾を決めるも、以後の決定機に決められず、最終盤の勝ち越しを許した。

来季、未知の世界となるJ2での戦いを見据え「選手一人一人がもっと責任感を持たないと成熟したチームにはならない」と危機感を見せるのは、在籍3年目の増谷だ。

身長172センチ。センターバックとしては小柄ながらも、強い足腰と危機察知を生かして失点リスクを背負う〝超攻撃サッカー〟を、同位置の瀧澤修平、ボランチ（守備的MF）の小松駿太らと共に支えてきた。金監督が「来季も積極的に行く姿勢は変えない」と構想を描くように、琉球には不可欠な一人だ。

「選手としての今後を懸けた1年になる」と語る増谷の言葉に、J2への決意が込められた。

（小笠原大介東京通信員）

大塚　地元で躍動

今季、関西学院大から加入した富山県出身のMF大塚翔が地元でプロデビュー。1点を追う後半29分にダブルボランチに入ると、前線へのパスや積極的なシュートで果敢に攻めた。

「地元で戦う姿を見せられたが、結果を出せずに悔しい」と唇をかんだが、金鍾成監督からは「おじけることなくボールに絡み、良かった。可能性を感じた」

と評価も上々だった。

母校、富山第一高の後輩や富山サポーターから拍手を受け「さらに試合に出たい気持ちが強くなった」と来季へ向け意気込んだ。

（小笠原大介東京通信員）

12・3
15年の歴史に興奮　展示会開幕

〝ベンガラの誇り〟ここに―。3日にタイムスギャラリーで始まった「J3優勝・J2昇格記念　FC琉球15年の軌跡展示会&選手トークショー」では、沖縄タイムス社が撮影した写真、記事のほかにも15年のクラブの足跡をたどることができる展示物が並ぶ。来場者は食い入るように眺めては懐かしみ、来季J2でのクラブの活躍に期待を込めた。

ギャラリーがある2階の廊下に掲げられたのはスタジアムで使用される巨大な横断幕。サポーターグループ「琉球グラナス」の協力で初期のものと今季制作したものを並べた。ギャラリーには歴代のユニホームほか、15年の歴史の結晶の証しとしてJ3優勝のトロフィーとシャーレが輝く。

展示会では歴代のユニホームも並んだ

12・4掲載
超攻撃サッカー成就　シーズン総括

サッカーJ3でFC琉球が今シーズンを終えた。どこからでもゴールを狙える抜群の攻撃力を最大の武器に守備も安定し勝ち取ったJ3優勝とJ2昇格。7月に首位に浮上して以降、一度もその座を譲らず、ホーム戦負けなしの圧倒的な強さで一気に駆け抜けた。来季はよりハイレベルな新境地での戦いが待つが、今後加速する〝J2仕様〟のチーム編成に目が離せない。

（新垣亮）

通算成績は20勝6分け6敗で勝ち点を66まで伸ばした。2位鹿児島にはその差9をつけ頭一つ飛び出した格好でJ3最速の頂点に立った。就任3年目の金鍾成監督の下、リスク覚悟で攻め続ける「超攻撃サッカー」が成熟の時を迎え総得点は圧巻の70点。1試合平均2・19点でリーグ唯一の2点超えを記録した。抜群の得点力で5月3日から9月8日まで13戦負けなし（10勝3分け）で夏場に上昇気流に乗った。

チーム内ではMF富樫佑太とMF中川風希の「1995年生まれ組」がともに16得点し、ブラジル出身の2選手に続く3位、日本人では1位の成績を残した。さらにチーム最古参で7年目のMF富所悠も10得点し全体7位につけた。

チームはシーズン途中から、より前掛かりに人数をかけるシステム「4－1－4－1」を採用した。1ボランチにチーム最年少の小松駿太、前の「4」の一角を成した30歳の枝本雄一郎といった今季新加入の即戦力がチームにフィットし、攻撃のバリエーションが増えたことも大きかった。

守備陣もGK朴一圭を先頭に、いずれも3年目のセンターバック増谷幸祐、瀧澤修平の最終ラインが安定し、前線の選手や両サイドバックの「より攻撃的に、より積極的に」を貫く太い支柱になったといえる。さらに三栖英揮フィジカルコーチの指導の下、「90分間走れる、1年間戦える体づくり」に取り組んだ成果も試合終盤の粘りにつながった。

一方で、主力が固定化され、けがや不調による離脱の不安がつきまとった。J2では試合数も多くなるため、選手層の厚さなど「対応力」も求められる。

それでも今季の選手たちの躍動と成果は目を見張るものがあったのは紛れもない事実。金鍾成監督は最終戦後、「J2に上がれるのは選手の頑張りがあったから。でもそこはあくまでも通過点。サポーターもそうだし、琉球に関わるすべての人たちにとっての通過点だ」と強調し、「進むべき道はどんどんあるので、共に歩んでいきましょう」とコメント。これまでに積み上げた「超攻撃サッカー」を土台に進化した琉球がどのようなエキサイティングなサッカーを見せるか、興味は尽きない。

12・4
3選手がトークショー

「J3優勝・J2昇格記念　FC琉球15年の軌跡展示会&選手トークショー」(沖縄タイムス社、琉球フットボールクラブ共催)が最終日の4日、那覇市久茂地のタイムスビルであり、3選手がトークショーで会場を沸かせたほか、じゃんけん大会などでサポーターや100人超のファンとの交流を楽しんだ。

トークショーに登場したのはDF増谷幸祐、西岡大志、MF中川風希の3選手。中川選手は「個人として

トークショーの後、ファンにハイタッチの激励を受ける(左から)増谷幸祐、西岡大志、中川風希の3選手=4日、那覇市久茂地・タイムスビル

も成長できるシーズンになった」と今季を振り返った。増谷、西岡両選手も「最高だった」と口をそろえ、成し遂げた快挙の喜びをファンと分かち合った。

じゃんけん大会で勝ち、3選手からもらったサイン色紙を手に笑顔だった宮城奏汰さん（7）＝那覇市＝は「みんな格好良かった。来年もいっぱいシュートを決めるところを見たい」と興奮していた。

交流深めファンに感謝

サッカーJ3を制してJ2昇格を決めたFC琉球の3選手が4日、那覇市久茂地のタイムスビルに登場し、盛り上がったトークショー。3選手は来季J2での戦いを見据えながらも、なかなか聞けないエピソードをユーモアたっぷりに披露し、ファンを楽しませた。

司会から「J3史上最速優勝」「Jリーグ2例目のホームゲーム無敗達成」など、琉球が今季成し遂げた記録が紹介されるたびに大きな拍手が送られた。西岡大志選手は「数字で見ても、圧倒的な攻撃力が結果につながった」と強調。さらに「応援のおかげでホームでは負ける気がしなかった」とファンに感謝した。

質疑応答では「仲の良い選手は」「オフの過ごし方は」といったプライベートに関する質問が。「J2で対戦が楽しみなチームは」と聞かれ、下部組織で育った増谷幸祐選手と、6歳上の兄が所属するという西岡選手はそろって「愛媛FC」と答えた。埼玉県出身の中川風希選手は「大宮アルディージャ」と述べ、故郷での試合に向けて闘志をのぞかせた。

12・6
ホーム沖縄市でJ3優勝報告会
シーズン感謝の集い開催

12・7
フェアプレー賞を受賞

Jリーグは7日、今季の優秀選手30人を発表し、J1で2連覇した川崎からMF家長、中村、大島、FW小林ら最多となる10人が選出された。鹿島はMF三竿健、FW鈴木ら5人が名を連ねた。J1の優秀監督賞は札幌を4位に躍進させたペトロビッチ監督が初受賞した。J3で優勝を果たしたFC琉球は、反則ポイントの少ない8チームに贈られるフェアプレー賞（2番目）を初受賞した。新設された同リーグの優勝監督賞に金鍾成監督。優秀監督賞には沼津の吉田謙監督が選ばれた。

12・8 ファンと交流　選手が漫才披露

サッカーJ3で優勝し、J2昇格を果たしたFC琉球は8日、ファンやサポーターとの交流会をコザ運動公園内のグリーンフィールドで開いた。選手たちとのアトラクションや選手の漫才披露などもあり、ファンやサポーターは楽しい時間を過ごした。

12・12 金監督の退団発表

サッカーのFC琉球は12日、今季J3優勝とJ2昇格に導いた金鍾成（キン・ジョンソン）監督（54）と

子どもたちとゲームを楽しむ和田凌（右）と大塚翔（左）

の契約が満了し、来季の契約更新をしないことを発表した。今後、来季のJ２参戦に向け、新監督の人選が焦点になる。

金監督は２０１６年の監督就任後から「３対１」で勝つ攻撃的なサッカーを展開。３年目の今季、チームは圧倒的な得点力を武器に20勝６分け６敗でJ３史上最速の優勝を成し遂げた。

退団する金監督は「新たな場所でのスタートに少なからず不安も感じているが、指導者としての新しい発見をしていけることに期待も感じている」とクラブを通じてコメントした。

金監督は１９６４年生まれ、東京都出身。朝鮮大学校を卒業後、在日朝鮮蹴球団、ジュビロ磐田、コンサドーレ札幌でプレー。指導者となり２０１５年に琉球のアカデミーダイレクター兼ジュニアユース監督に就任。16年からトップチームを率いた。

サポーター「驚き」「感謝」

サッカーJ３史上最速で優勝を果たし、FC琉球をJ２昇格へと導いた金鍾成監督の退団が12日、発表された。２０１６年の就任後から「超攻撃的サッカー」を貫き、多くのファンを魅了した名指揮官は「今までチームを支え、共に戦って下さった全ての人々に感謝しています」とコメント。関係者やサポーターからは、沖縄サッカー界にもたらした功績をたたえる声が上がった一方で、突然の発表に驚きや戸惑いを隠せない人もいた。

FC琉球が誕生した15年前からサポーターをしている山里茂正さんは、金監督の突然の退団発表に「予想していなかった。驚きの方が大きい」と寂しげな様子。それでも「チームをJ２昇格に導いてくれたのは紛れもなく鍾成さん。今は感謝、感謝の言葉しかない」と繰り返した。

県出身初のJリーガーで、KBC学園未来高校沖縄男子サッカー部の石川研監督は「同じ指導者として見習うことが多かった。沖縄はまだサッカーのレベルが低いと言われることもあるが、継続すれば誰にでも上にいけるチャンスがあることを示してくれた」と語る。

「新天地でも琉球で培った『魅了するサッカー』でファンを喜ばせてほしい」と期待を寄せた。

Ｊリーグの公式スポーツライターで、琉球の取材を続けている仲本兼進さんは「金監督は、決めたことは最後までやり遂げる人物。『3対1で勝つサッカー』を貫き通したのも、沖縄の人が喜ぶサッカーを追求したからこそ」と振り返る。

「チャレンジ精神旺盛な人なので、遅かれ早かれ再び雄姿を見せてくれることを期待したい」とエールを送る。今後の琉球については「ファンを魅了した創造性あふれる琉球スタイルをチームのベースとして、今後も受け継がなければならない」と望んだ。

県サッカー協会の具志堅朗会長は「3年かけて良いチームづくりをしてきた。プロなのでチームを去るのは致し方ないが、Ｊ2まで琉球を引き上げた功績は大きい」とたたえた。

「うそだろ」「まさか!!」。金監督退任のニュースが流れると、SNS上ではサポーターやファンの戸惑いや惜しむ声が続出した。「監督のサッカーがＪ2で通用するかを見たかった」「ステップアップのための契約満了だと信じている」などの言葉が並んだ。

12・16掲載
指揮4年 感謝の思い　金前監督インタビュー

サッカーFC琉球をＪ3優勝とＪ2昇格に導き、来季は鹿児島ユナイテッドFCで指揮することが決まった金鍾成前監督（54）＝写真＝が15日、沖縄タイムスの単独取材に応じた。プロの監督として高みを見据え、さらに現状に満足せずにサッカーを探求するため、再スタートを選んだ。「かけがえのない時間になった」とファンやサポーターに感謝する金前監督。沖縄を去るに当たり、過ごした4年間を振り返ってもらった。

（新垣亮）

琉球との関わりは、2015年のアカデミーでの指導から始まる。子どもたちや親との交流があったため、最初から沖縄に溶け込みやすかったと言う。

退団を発表した公式コメントで、J3優勝を決めた試合と並んで「とてもエキサイティングな出来事だった」と振り返ったのが15年秋の県ユース選手権決勝。現琉球の喜名哲裕コーチ率いるチームを、PK戦の末に破ってつかんだ初タイトルだった。「子どもたちとの1年を忘れちゃいけない」と自宅の壁に表彰状を飾り、原点として心に刻んできた。

16年からはJ3で低迷していたトップチームを指揮することに。52歳にして、初めてJリーグの監督になった。「沖縄のサッカー熱の低さを刺激したい」との思いから、リスク覚悟の「3対1で勝つ」スリリングなスタイルの試行錯誤を続けた。「負けず嫌いで強気な姿勢が、選手時代に身に染み付いていたから」

3年目でJ3制覇という結果を出した。創設からの15年を経て、悲願達成の瞬間に携われたとの満足感はある。だが「また次にチャレンジできるチケットをもらったようなもの。より自分を転がし続けるにはどうするべきか」。自問自答を繰り返した結論が、琉球退団と鹿児島入りだった。

鹿児島との契約を14日に終え、寂しさが湧き上がったと言う。それでも「3対1で勝つを掲げる両チームがぶつかるとどうなるの、みたいな感じでサポーターの人たちが盛り上がり、楽しんでもらえればうれしい」と語る。琉球のファンやサポーターに「チームの姿を決めるのは地域や周囲の人。多くの人が『自分も琉球を形づくっているんだ』という思いを抱いてくれたら」と望む。

沖縄サッカーに歴史を刻んだ名指揮官。沖縄の将来性について「可能性はどの場所でも、どの時代にもあると思う」と力を込める。今後もサッカーを探求し続けた結果、「70代になって、ちょっとサッカーのことが分かってきたなどと言って、最年長監督になるのも面白い」と笑顔を見せた。

12・20 樋口新監督が会見

サッカーJ2に昇格するFC琉球の新監督に決まった樋口靖洋氏（57）が20日、県庁で就任会見を開いた。J1横浜F・マリノスなどを率いた経歴を持つ樋口新監督は、金鍾成前監督（54）が築いた攻撃的な「3－1で勝つサッカー」を継承し、発展へとつなげる「攻め勝つサッカー」を掲げた。

今季J3のYS横浜を指揮していた樋口新監督は「琉球のスタイルは私のサッカー観と近く、共感できる部分が非常に多い。自分の役割はスタイルを継承しJ2という新たな舞台でそれを発展させることだと強く認識している」と述べた。

選手には「攻め勝つことを強く訴え掛けたい」とし、「J2は長丁場。42試合を戦う上で現有戦力の維持によるスタイルの継承と新戦力を融合させて選手層を厚くしたい」と話した。

沖縄の印象について「青い海と澄み切った空が大好き。沖縄の方々から愛されるようなチーム、監督でありたい」とも語った。

樋口監督　一問一答

樋口新監督と報道各社との質疑応答は以下の通り。

―今季までYS横浜を指揮した。対戦相手としてFC琉球はどう映ったか。

「琉球のサッカーは私自身をワクワクさせるものだった。サッカーを見る人にとって何が感動を呼ぶのかという観点で言えば、ピッチから選手の躍動感と一体感があること。その部分を琉球から多く感じた。来季はそれにこだわる。それが継承、発展につながる」

―YS横浜時代は若い選手を育てたが、マリノス時代はベテランもうまく起用していた印象もある。

「若いから、ベテランだからといって、それにとらわれないようにしている。基本的にはフラットに見て選手たちをピッチに送り出す作業を続ける」

―指導のモットーは。

「サッカーの魅力は局面局面で常に選手自身の判断や決断、実行がスムーズに流れ、それが11人で形になったときに素晴らしいプレーが出てくる。その魅力を選手から奪ってはいけない。躍動感を生み出すのはあくまで選手たちだ」

―プレッシャーはあるか。

「自分が共感したサッカーにトライできるというのは、むしろ喜びの方が大きい。ワクワク感の方も強い」

抱負を語る樋口靖洋新監督

―座右の銘は。趣味についても。

「座右の銘は『いつも心に太陽を』。どんなときでも自分の中に『太陽』を持つことで、ポジティブに物事を考えていきたい。太陽は周りを照らすことによって、周りを変えることができる。趣味はサッカー観戦。読書も好きだ。沖縄でチャンスがあればダイビングにも挑戦してみたい」

―厳しい姿勢で選手に臨むタイプか、褒めて育てるタイプか。

「北風と太陽の話がある。選手は育てるものではなく、育つもの。北風は無理矢理コートを脱がせる。ある意味で強制だ。そこに主体性はない。主体性で言えば、やはり『太陽』だ。本人がそれをやれるように、自分で育つように環境をつくることが指導者としては大切だ」

「良いところを認めれば選手はさらにその部分を伸ばそうとするし、それができたら自信となって、次は苦手な部分にどうやって対応するかとなる。選手の長所をどれだけ引き出すことができるかを考えている」

Ⅱ　軌跡と奇跡　ＦＣ琉球・サイドストーリー

Ⅱ章では選手・監督の知られざる物語と、チームを支えたフロント・サポーターなどの姿をまとめる。記事の後ろの日付は掲載日。

［連載］ＦＣ琉球フロント奮闘記①

社長の倉林啓士郎さん　無報酬で奔走

「地元・沖縄に根ざした『わったー（私たち）島のサッカークラブ』でありたい」――。そんな思いを胸にサッカーＪ３ＦＣ琉球のフロント陣が奔走を続けている。先頭に立つのは昨年（２０１６年）12月、Ｊ１～３全54チームの最年少社長として話題を集めた倉林啓士郎氏（36）だ。サッカーボールやスポーツウエア・人工芝などの用品のほか、フットサルコートなどの運営を手掛ける「イミオ」（本社・東京）の社長でもある。

東京に生まれ、幼い頃は「サッカー小僧」。小学校から大学まで競技を続けた。東京大在学中にＤｅＮＡのモバイル新規事業を担当した経験も生かし「イミオ」を起業した。

ＦＣ琉球との付き合いはＪ３に昇格した２０１４年シーズンから。イミオとＦＣ琉球がユニホームサプライヤー契約を結んだことに始まる。

しかし、Ｊ３に昇格してからのＦＣ琉球は赤字決算が続き、運営会社の社長が３度変わるなど安定的な経営にはほど遠かった。スポンサーの立場として、クラブを見守っていた倉林氏は昨年９月、関係者から「このままでは資金的に厳しく立ちいかなくなる」と相談を受けた。「３年間付き合ったチームがなくなるのは惜しい。何か協力できれば」と約束したが、社長就任は「想定外」だった。

これまでほとんどゆかりのなかった沖縄。悩んだが「まずは経営の立て直しをしよう。将来的には沖縄の人が思いを引き継いでくれたら」と、クラブ経営の先頭に立つことを決めた。

スポンサーの立場から李済華GM、金鍾成監督、スタッフの強化策に共感。アカデミーなどの育成方針もチームは魅力的に映った。県や国が進めるスポーツ振興の取り組みに「沖縄の可能性」も感じた。

ＦＣ琉球のホーム戦。戦況を見詰める倉林啓士郎社長＝ 2017 年 11 月 5 日、県総合運動公園陸上競技場

ＦＣ琉球の代表としてはボランティア（無報酬）を貫き、東京と沖縄の「二足のわらじ」で奔走する毎日だ。就任1年目の今季は観客動員数前年比２４０％の３１３６人、協賛企業社数前年比２００％の１３０社（２０１７年8月末現在）と、取り組みの成果は数字で顕著に表れた。

行動力の源は「サッカー愛」だ。Ｊリーグ村井満チェアマンの「Ｊチームは地域の公共財である」との言葉も胸に刻んでいる。

「Ｊチームが沖縄にあるというのは、沖縄のために絶対必要なこと。サッカーで感動を共有し、子どもたちに夢と、そして成長の糧を与えたい」。徹底した経営の見直しで、来季の単年度黒字化も見えてきた。「サッカーで地域づくり」を念頭に「地域が支えたくなるクラブ」を目指す。

ＦＣ琉球がいずれＪ２、Ｊ１に昇格し、そしてアジアを代表するクラブになる。そんな夢も遠くないと思っている。

（２０１７年11月8日）

【連載】ＦＣ琉球フロント奮闘記②

財務担当の植村侑太さん　経営立て直しへ

茨城県出身で今年（２０１７年）３月にＦＣ琉球の運営会社、琉球フットボールクラブに入社した。管理部で財務を担当し、経営立て直しのキーマンとなる人物だ。

大学卒業後、メガバンクに入行し、約2年後に転機が訪れた。銀行内のサッカーチームで共有する携帯連絡網で「ＦＣ琉球が共に働ける銀行の若手を探している」との話を知り、倉林啓士郎社長の下を訪ねた。「これまで培ったノウハウを生かし、チーム経営に携わることは面白いのでは」。沖縄行きを即決した。

財務担当の植村侑太さん。大手銀行を退社し、ＦＣ琉球に入った財務立て直しのキーマンだ＝琉球フットボールクラブ那覇事務所

学生時代から「スポーツの自立」という分野に興味があった。スポーツの価値を通し、そこからどうビジネスにつなげるかを実践したかったという。

日々、予算の進捗《しんちょく》管理を徹底し、分析を重ね続ける。「どこか減らせる部分がないか」。数字とにらめっこする。

当初は金融業界とのギャップを感じ、職場の雰囲気に戸惑いはあったが「25歳という、この年齢で財務全般に携われるのは大きな経験になっている」と、やりがいを感じている。

フロント側の経営改善が実り、クラブは9月、初申請で来季のＪ２ライセンスの交付を受けた。一方で、是正通達という「宿題」もついた。

「是正通達は数字の面というより、ガバナンス（組織）体制の見直しを強く求めている」と捉え、「財務状況は改善されつつある」と強調する。

クラブが元気であるために財政基盤の強化に今後取

り組んでいくという。「スポンサー企業や地域との『接点』を持てる取り組みが大切だと感じている」

ホームタウン活動や地域のイベントへの参加、社会貢献活動など地道な活動で、県民とのつながりをさらに深めていきたい考えだ。

（２０１７年11月９日）

【連載】ＦＣ琉球フロント奮闘記③

営業担当の島袋隼人さん　「非日常」を提供

本部町の瀬底島出身。両親の仕事の都合で小学校に上がる前に神奈川に引っ越し、Ｊクラブの下部組織でサッカーにのめり込んだ。高校３年の時に父親が他界。三回忌を機に沖縄へ戻ることを決意。「サッカーで沖縄に貢献したい。ＦＣ琉球で働きたい」。サッカー関係の求人情報サイトを度々チェックし、募集があると知るとすぐに申し込んだ。

２０１５年シーズンが始まる1月末に入社。現在は営業部に属する。ファンクラブやホームタウン活動、グッズ開発なども手がけ、観客を競技場に集める業務は多岐にわたる。まだ24歳。創意工夫も必要で「自分のキャリアアップにつながる経験ができている」と汗を流す毎日だ。

「求められているのは数字と結果。私たちの『商品』は試合だが、多くの人に足を運んでもらうにはホスピタリティーやイベント力なども必要。アイデアをもっと突き詰めていかなければいけない」

「非日常」が味わえる興奮と感動―。来場者のエネルギーが充満するサッカー独特の空間を提供したいと試行錯誤を繰り返す。「世界中で愛されているサッカーで、今後はインバウンドを意識した展開も模索して

試合前、競技場を訪ねたエスコートキッズに声を掛け、誘導する島袋隼人さん＝県総合運動公園陸上競技場

いきたい」とも。バスケットボールの琉球ゴールデンキングス、ハンドボールの琉球コラソンなどとともに、スポーツで沖縄がさらに盛り上がれば、と語る。

５日のホーム戦。試合前、競技場の入り口でエスコートキッズと笑顔で話をする姿があった。Ｊリーグという世界で、ＦＣ琉球の一員として関わることで大きな夢をもらっている。そんな夢を子どもたちにも実感してほしいと思う。「このピッチに、いつか立ちたいと思ってくれれば」。優しいまなざしを向けながら、子どもたちを場内へと案内した。

（２０１７年11月10日）

［連載］ＦＣ琉球フロント奮闘記④

営業担当の嘉数優子さん　競技場に誘う

南城市出身。ＦＣ琉球がＪ３に加盟する前のＪＦＬ時代、専門学校でエアロビクスを指導する傍ら、学生らと一緒にチアダンスチーム「琉球ボンバーズ」の一員として選手を応援し、観客を盛り上げていた。

来場者にパスを配布する嘉数優子さん。「女性が観戦に訪れたくなる魅力も発信したい」＝県総合運動公園陸上競技場

現在はフロントに入り、クラブの魅力や描く将来像をスポンサーなどに伝え、協賛社の募集やチケット販売、広告案内などの営業活動に尽くしている。

「営業はお客さまとのコミュニケーションが大切。人と関わる仕事が好きなんです」

スポンサーなどの顧客には、まずＦＣ琉球のこれまでの歩みを振り返りながら、県内唯一のＪクラブであること、さらに今後の展望を丁寧に話す。そして、こう伝える。「実際に競技場に足を運んで試合を見てみませんか」

もともとスポーツ全般に興味がある方だった。スポーツに関わる仕事を希望したが、サッカーは未経験。だからこその「視点」を大切にしたいと考えるという。「ルールが難しい、と言う人がいるかもしれないが、一度見たらハマる、というきっかけをつくりたいんです」

今季からＦＣ琉球は競技場内外でさまざまなイベントを打つようになった。女性を意識した企画も多くなった。プロ野球の「カープ女子」のような、女性でも親しめ、熱狂的に応援してくれるようなクラブに。女性だけでなく子どもたちやファミリー層と、皆が集える空間に。理想を高く掲げ、地道に進む。

「ＦＣ琉球を通じて観客と観客がつながる、沖縄らしい一つの『絆』が競技場で生まれれば。甲子園出場校のように、県民挙げて応援したくなるようなクラブになればいいですね」。誰もが楽しめる競技場を目指して、今日も笑顔でファンやサポーターを出迎える。

（２０１7年11月11日）

［連載］ＦＣ琉球フロント奮闘記④

競技運営担当の友利貴一さん　一緒に戦う

２０１４年シーズンを前にＦＣ琉球に入団。２年目の途中にけがで戦列を離れ、同年に引退、クラブスタッフとなった糸満市出身の元選手だ。26歳。

現在は競技運営部に属し、ホーム戦の運営業務を手がけ、競技場を離れれば集客業務にも汗をかく。

けがに泣かされた際、現役続行か引退か、の迷いはあったが、将来的にはスポーツ関連事業に携わる夢もあったことからユニホームを脱ぐ決心をした。

ホーム戦試合開始前、スタンドの観客に目をやる競技運営担当の友利貴一さん＝県総合運動公園陸上競技場

引退後は約2年間、県のスポーツマネジメント人材育成事業の研修生としてノウハウを学び、FC琉球に関わった。

年間のホームゲーム16試合の円滑な運営が主な業務だ。ナイトゲームでも当日は朝に競技場入りする。Jリーグの試合がスケジュール通りに始まって、終わり、選手も観客も競技場内にいるすべての人の安全を守るために細部に目を光らせる。特にキックオフ前は秒単位でスケジュールが進行するため「一番気を使う時間」なのだという。

「業者さんや他競技の関係者らとうまく調整を図って進めていく」のが仕事の鉄則だ。「運営の仕事は1人ではできない」と、クラブ内外の多くの協力や支えに感謝を実感する毎日だ。

選手時代の同期でもある主将の藤澤典隆選手、田辺圭佑選手のほか、富所悠選手もチームメートだった。「フロントと選手という立場なので一線は引きながら、近すぎず、遠すぎずの関係です」。しかし、その活躍ぶりは心底うれしい、と言う。「ピッチの上には今はいないけど、一緒に戦っている気持ちです」

試合終了後、観客が去った後も動き回る。競技場から事務所に戻り、帰宅する瞬間にやっと緊張から解放されるという。

その原動力は他のスタッフと同じ。みなぎる力の源泉は「サッカーで沖縄を盛り上げたい」という思いだ。

（2017年11月12日）

＊本連載の取材・執筆はすべて運動部・新垣亮

応援団代表　池間さん　安堵　目に涙

FC琉球の発足当初からチームを支えてきた私設応援団「琉球グラナス」代表の池間弘章さん（54）＝那覇市＝は、2点リードのまま試合終了のホイッスルを聞くと、スタンドで仲間と抱き合い、涙を隠すように顔を両手で覆った。「この日が来るのかと悩んだこともあったが、ようやく迎えられた。本当に良かった。念願のJ2昇格を果たせたことに安堵《あんど》の幸せです」。

表情を浮かべた。

観客が少ないJFL時代から、チーム状態が良い時も悪い時もひたすら鼓舞してきた。この日は試合開始の2時間以上前に、会場入りする選手を40～50人のメンバーと出迎え、練習から声援を送り続けた。

ホームで引き分け以上ならJ3優勝とJ2昇格が決まるという「出来過ぎのシナリオ」に、油断は大敵と気を引き締めた。試合が始まってからはベンガラ色のユニホームに身を包んだサポーター仲間が立ちっぱなしで応援。池間さんも太鼓をたたき続けた。残り時間が数分となると太鼓を置き「最後まで頑張ろう。声を出そう」と声を張り上げた。

Ｊ２昇格を決め、声を張り上げて喜びの応援歌を歌う池間弘章さん＝11月3日

何よりもうれしかったのは今季ホーム最多の7810人が詰め掛けた会場の雰囲気。チーム関係者だけでもサポーターだけでもない。多くの県民がチームを応援してくれたことに喜びを感じた。「多くの人と一緒にこの瞬間を味わうことができてうれしい」。一回り大きくなり、Ｊ２へ挑むチームが頼もしく見えた。

（11月4日）

［スポーツこの人］
金鍾成さん　勝利と内容 プロの誇り

「たかがサッカー。されどサッカー。江川卓さんじゃないですけど」。指揮官としてＪ３優勝とＪ２昇格という大輪の花を咲かせた。

「選手がフィールドで躍動する攻撃サッカー」を志し、失点のリスク覚悟で攻め続けるスタイルを貫いた。

攻撃は最大の防御と、ノーガードの打ち合いも望むところだ。

東京育ちの在日コリアン3世。学校教育法により公式戦出場がかなわなかった。「幻の日本一」と呼ばれた強豪・東京朝鮮高から朝鮮大学校へ。卒業後はＪリーグ開幕前から実質的なプロ球団だったといわれる在日朝鮮蹴球団に入団し、活躍した点取り屋だ。北朝鮮代表に選ばれた経歴もある。

Ｊ１磐田などでプレーし、現役引退後は「日本サッカー界のために」と指導者の道へ。２０１５年にＦＣ琉球のジュニアユース（15歳以下）を経て16年からトップチームを率いた。「僕らは端くれでもプロの選手。どういうものを見せるかを持ってなければならない」。求められるのは勝利と内容で「ラーメン屋で言うと値段と味の両方が求められる感じ」と語る。

高卒や大卒の若手が多い中で、言葉や態度でも「プロとは何か」を伝えてきた。琉球15年の歴史を振り返り、「チームというのは多くの人々の力でつくっていくものなんだと改めて思った。ここからがまたスタートだ」と感慨深げだ。

監督業に節目はあっても終わりはない。さらに理想のサッカーを追い求めていく。東京都出身。54歳。

（運動部・新垣亮／11月4日）

Ｊ３優勝とＪ２昇格を同時に決め、サポーターと握手を交わすＦＣ琉球の金鍾成監督＝11月3日、タピック県総ひやごんスタジアム

【連載】軌跡と奇跡①

攻撃的スタイル貫く　昇格へ目標明確

ＦＣ琉球が圧倒的な強さで今季のＪ３リーグを制覇

し、J2昇格を決めた。Jリーグが誕生した四半世紀前、沖縄からJへの挑戦は「夢物語」だった。創設から15年。紆余《うよ》曲折があり、存続が危ぶまれたこともある。それでも着実に階段を上った「奇跡のクラブ」が、J2という舞台で沖縄サッカー界の新たな地平を切り開いていく。

（取材・執筆／新垣亮）

7810人の前で繰り広げられたゴールショー。サッカーJ3で首位のFC琉球が3日、ザスパクサツ群馬を4―2で破り、今季4節を残してJ3最速の優勝とJ2昇格を同時に決めた。優勝をたたえる「カンピオーネ」が何度も歌われ、輝くシャーレ（優勝皿）が高々と掲げられる。抱き合い、中には涙する選手も。かつてない歴史的な光景にスタジアムは興奮のるつぼと化した。

今年1月10日。北谷公園陸上競技場は海風が吹き肌寒い。報道陣やファンの姿は見当たらない。この日、サッカーJ3のFC琉球は2カ月後のシーズン開幕に向けて新チームを始動させた。3季目の指揮を執る金鍾成監督は円陣の中でこう言った。「去年のままではチームとしても個人としてもJ2には上がれない。互いの役割をきちんと踏まえ徐々にペースを合わせてい

リーグ制覇とJ2昇格を決め喜ぶFC琉球イレブン＝3日、タピック県総ひやごんスタジアム

こう」。悲願達成へホイッスルを鳴らした。

Ｊ３参入５季目のシーズン。金監督１季目の２０１６年は8位、２季目は6位。徐々に順位を上げてきた。新チーム始動後、主将には自ら立候補した28歳のＧＫ朴一圭が就いた。

元日本代表の播戸竜二や昨季リーグ13得点の枝本雄一郎、小松駿太のほか、大卒ルーキーで県出身の徳元悠平ら即戦力が加入。攻撃的サッカーを志向する金監督は「より結果にコミットする」として、前季の総得点44点から「15点の上乗せ」を目標とした。軸になるスタイルは、これまで磨いてきた失点覚悟のリスクを背負っても攻撃に厚みを持たせる「超攻撃サッカー」だ。

始動後の1〜2月に沖縄でのキャンプを張る昨季Ｊ1優勝の川崎など、上位カテゴリーのチームに練習試合で胸を借りた。朴主将は「Ｊリーグキャンプで自分たちもできるという自信を得たことも大きかった」と振り返る。最年長で世界や「Ｊ」を知る播戸が「Ｊ２昇格だけではなく、Ｊ３優勝や」と経験を植え付けたことも大きな影響を与えた。

多くの選手がチームに残り、攻撃的なスタイルの理解度が深まった。Ｊ２昇格への「本気度」がうかがえる補強にも成功。加えて「Ｊ３で優勝し、Ｊ２昇格」という明確な目標設定と、歯車はかみ合った。

7月7日の第17節で首位に立って以降も加速を続けてＪ３最速での優勝。Ｊ２経験の長い群馬を率いる布啓一郎監督に「琉球は攻撃に破壊力があった。優勝するにふさわしい」と言わしめた。

朴主将は「ぶれずに攻撃的スタイルを1年間貫いた結果」と胸を張る。いつもは冷静な金監督も、大歓声の前に両手を高々と上げて興奮を抑え切れないようだった。「プライドを持って戦ってくれた」と選手をたたえた指揮官は、ファンに呼び掛けた。「Ｊ２に向かって、われわれはさらに進化していきます。共にチームをつくり上げていきましょう」

（11月6日）

［連載］軌跡と奇跡②

個々の力融合し強く　「積極的に」応えた選手

圧倒的な力でＪ３の頂点に登り詰めたＦＣ琉球。磨き上げた攻撃で総得点は３日現在、リーグ断トツの64点、１試合平均は２・21点と驚異的な数字をたたき出している。昨年の44点（１試合平均１・38点）と比べ、決定力が飛躍的に向上した。金鍾成監督が指揮を執った３年間で、チームが目指した失点覚悟の「超攻撃的サッカー」が結実した証しだ。

ゴールはシュートを放つ積極性がないと生まれない。今季は「３対１で勝つ」ために、攻撃の布陣により厚みを持もたせた。相手ゴールへの推進力を増すため、シーズン途中から「４―１―４―１」のシステムを採用。中盤の富所悠、枝本雄一郎、中川風希、富樫佑太の高い個人技を持つ選手が相手守備陣を切り裂き、前線での思い切りの良さとゴール感覚に優れる和田凌、播戸竜二らも相手ゴールを脅かした。

今季の武器の一つとなったのが両サイドバック。右の西岡大志、左の徳元悠平らがサイドから攻め上がり、何度もクロスを放り込む。多彩な攻撃パターンが次第に洗練されていった。

オーバーラップでアシストを重ねたルーキーのＤＦ徳元は「攻撃の時間が増えていけば、守備の時間が減る」と話す。「攻撃は最大の防御」がチーム全体に浸透していった。

金監督の１季目からシュート数は多かった。２０１６年は３９７本（30試合）、17年は３８３本（32試合）、今季は３４７本（29試合）でいずれもリーグトップ。選手たちは積極的にシュートを打つ姿勢を土台に、日々の積み重ねで決定力の向上を図った。

守備の要の一人、増谷幸祐は「攻撃陣がアグレッシブに動いてくれたおかげで、守備陣も助けられた。全員で切磋琢磨《せっさたくま》してつくり上げたスタイルだが、もっともっと点を取れる方法を突き詰めていければいい」と来季のＪ２での戦いをにらむ。

指揮官はピッチで選手の自由な発想を求める。潜在能力を引き出すのは監督の役割だが、ゴールは選手のさまざまなアイデアからしか生まれない。個々の力が融合していく過程で、チームはさらに強くなると考えている。

　優勝を決めた3日の群馬戦。前半2―0で迎えたハーフタイムで、選手たちは自ら「3点目いくぞ」と声を掛け合っていたという。金監督は「特別にアドバイスをすることもないな、と思ったし自分たちらしいゲームができた」とうなずいた。

　結果は「3対1で勝つ」を超える4対2での勝利。「より積極的であれ」を求め続けた指揮官と、応えた選手の今季を象徴する試合となった。

（11月7日）

ザスパクサツ群馬戦の後半21分、4点目のシュートを決める琉球の中川風希＝タピック県総ひやごんスタジアム

［連載］軌跡と奇跡③

チーム支えた熱い思い

「負けることの方が多かった。優勝をどう喜んでいいのか分からないんですよ」。3日のJ3優勝とJ2昇格決定後、長年の熱烈なサポーターたちの間では笑みを含んでこんな会話が交わされた。「大学生にも負けることあったんだから」。日付が変わってもクラブや選手たちと共に歩んだ思い出話に花を咲かせて、悲願達成の余韻に浸る。「うんうん」とうなずき合う姿さえ、どこか誇らしげだ。

沖縄かりゆしFCの元メンバーにより2003年に

発足。県3部のスタートから紆余《うよ》曲折の連続だった。

立ち上げ時のメンバーで県1部から日本リーグ（JFL）昇格まで主将だった望月隆司さん（現・東京ヴェルディ普及コーチ）は「思いの詰まったチーム。アルバイトを掛け持ちしてやっと生活できる苦しい時代もあったが、スタッフやサポーター、地域の人たちの熱意があったからこそ乗り越えられた」。

04〜06年に選手として活躍した藤吉信次さん（現・東京ヴェルディトップチームコーチ）は「ユニホームも練習場所もなく、公園のベンチで着替えをしていたような時代だった」と懐かしみ、「原動力は反骨精神で沖縄サッカーの未来のために戦っていた」と語る。

与那城ジョージ監督が率いて九州リーグからアマチュア最高峰のJFL昇格までは順風満帆に見えたが、JFL8シーズンの戦いで最高位は11、12年の9位。上位の背中は遠かった。この間、元日本代表監督のフィリップ・トルシエ氏を総監督に招いたり、元日本代表の県出身FW我那覇和樹が加入したりしたものの、成績は振るわなかった。

制度改革で14年から参入したJ3でも上位争いに絡めない。加えて経営陣が短期間で変わり、なかなかチームとフロントとの両輪がかみ合わなかった。そんな時代があったからこそ、感慨深い思いを持つ人が多くいる。

現在の琉球を率いる金鍾成監督は優勝後、「スポーツは期待が大きければ大きいほど、内容が悪ければ落

優勝とJ2昇格を喜び合うFC琉球の選手とサポーター＝3日午後8時すぎ、沖縄市・タピック県総ひやごんスタジアム

胆に変わる。落胆の中でも今までずっと支えた人がいて、15年間待ち続けた結果が今日出た」としみじみと語った。

15年前設立に尽力した野口必勝さん。現在はスポーツ政策専門会社の代表を務める。「FC琉球はたすきをつないで存続してきた奇跡のクラブ。沖縄の可能性から見れば、その器はJ2だけにとどまらない。今後も県民、そして全国のファンを魅了するクラブであってほしい」と喜びもひとしおだ。（11月8日）

＊この回のみ、小笠原大介東京通信員との共同執筆

［連載］軌跡と奇跡④

フロント改革奏功　本気度示し　選手発奮

Jリーグのクラブにとって、チームと運営を担うフロントは「車の両輪」だ。FC琉球はJ3参入後、度重なる社長交代による不安定な運営や経営難など負のイメージをなかなか拭えなかった。だが2016年12月にJリーグ最年少となる当時35歳の倉林啓士郎社長が就任して以降、「真の県民クラブ」を目指して経営サイドの改革が進められた。

倉林社長は、琉球やビーチサッカーのソーマプライア沖縄のサプライヤーである「sfida」（スフィーダ）を運営するイミオ（本社・東京）の社長と〝二足のわらじ〟を履く。毎週東京と沖縄を行き来し、琉球の社長としては無報酬が続いている。

9月27日に県庁で開いた会見で、倉林社長や県サッカー協会の具志堅朗会長らが来季の2年連続でJ2ライセンスが交付されたことを報告した。

ライセンス取得は昇格要件となるため、倉林社長は「チームが結果を残している中、フロントとしてはプレッシャーがあった」と安堵《あんど》。一方で17年は2期連続の赤字となったことから昨年に続き是正通達付きとなり、フロント人員や経営基盤の強化、ガバナンス改善を課題として挙げた。J2ライセンス取得というフロントの本気度はプロとして上のカテゴリーを目指す選手たちの発奮材料となり、勝利に集中できる環境が整

った。

倉林社長の就任以降、スポンサー営業などの財政再建、ブランディング、集客など多岐にわたる取り組みは着実に改善していった。1億円以上の赤字を大幅に半分に削減。今後は黒字化も見えてきたという。

特に顕著なのはここ数年の入場者数の伸びだ。J3参入後の14年の1試合平均入場者数は1398人。倉林態勢になって初年の17年は2508人と増え、今年は3千人を超えている。スポンサーも約2・5倍に増え、「倉林改革」は着実に実を結び、チームの躍進につながった。

3日のセレモニーで、シャーレ（優勝皿）を朴一圭主将に手渡したJリーグの村井満チェアマンは「14年の入会以降、経営的に苦しい時期もあったが平均入場者数も増加し、飛躍の1年だった。地域の皆さんとの連携強化やさらなる経営安定化と成長を実現してほしい」と期待を寄せた。

就任時、「火中の栗を拾うようなもの」と表現した倉林社長。優勝後、「地域に根差したクラブでありたいとサポーターやファンの前で声を上げた。「想定外の連続」だったが、「関係者やスポンサーに喜んでもらえた。ようやくクラブが沖縄や地域に一つ貢献できた」と実感を込めた。

（11月9日）

［連載］軌跡と奇跡⑤

県民クラブ　進化の鍵　高い注目　選手の力に

J3制覇とJ2昇格を決めたFC琉球は、既に次のステージに向けてスタートを切っている。2日間のオフが明けて6日から練習を再開。余韻に浸るのはつかの間で、選手たちは来季を見据え汗を流している。

琉球が来季の昇格を決めたJ2は今季22チームで構成。ホームアンドアウェー方式で、J3より10試合も多い年間42試合を戦っている。千葉や東京Vといった Jリーグ発足時に名を連ねた伝統ある「オリジナル10」のほか、J1経験のあるチームなどがしのぎを削り、多くのチームが最高峰J1昇格を目指している。

「J3とは雲泥の差」があるとさえいわれている。

Jリーグ公式のスポーツライターで琉球の取材を続けている仲本兼進さんによると、「J2はチームもサポーターも試合に懸ける熱量が全然違う」という。

熱烈なサポーターがいる人気チームとなれば、琉球のホーム戦に大挙して押し寄せることが予想される。方々の注目度も格段に上がる。

現在スタジアム整備などJ1ライセンスの基準を満たしていないため、当面のJ1昇格は不可能だが、仲本さんは「J1を目指すチームに負けない現場とフロントが一体になったチームづくりを」と望む。

J2では潤沢な予算を持つチームが必ずしも好成績を収めていない面もあり、琉球のような「育成型」のチームにもチャンスはある。J2より優れているというスピードの速さを生かし、さらに伸びしろのある若手が多い琉球。仲本さんは「J3で磨き上げた、90分間どこからでもゴールを狙うというサッカーをベースにJ2でもセンセーションを起こすのは十分可能で、どこまで通用するか楽しみだ」と期待を込める。

J2躍進の鍵は、過密日程も見越したチーム力の底上げと、抜群に上がる注目度の中でさらなるフロントと一体となった「県民クラブ」に成長できるか、だ。

金鍾成監督は「現段階でまだJ2を体感できていないので分からない部分はあるが、僕も選手にとっても大事なのは対応力」とした上で、「選手の潜在力を引き出すために、個人でもやることと、やれることはあ

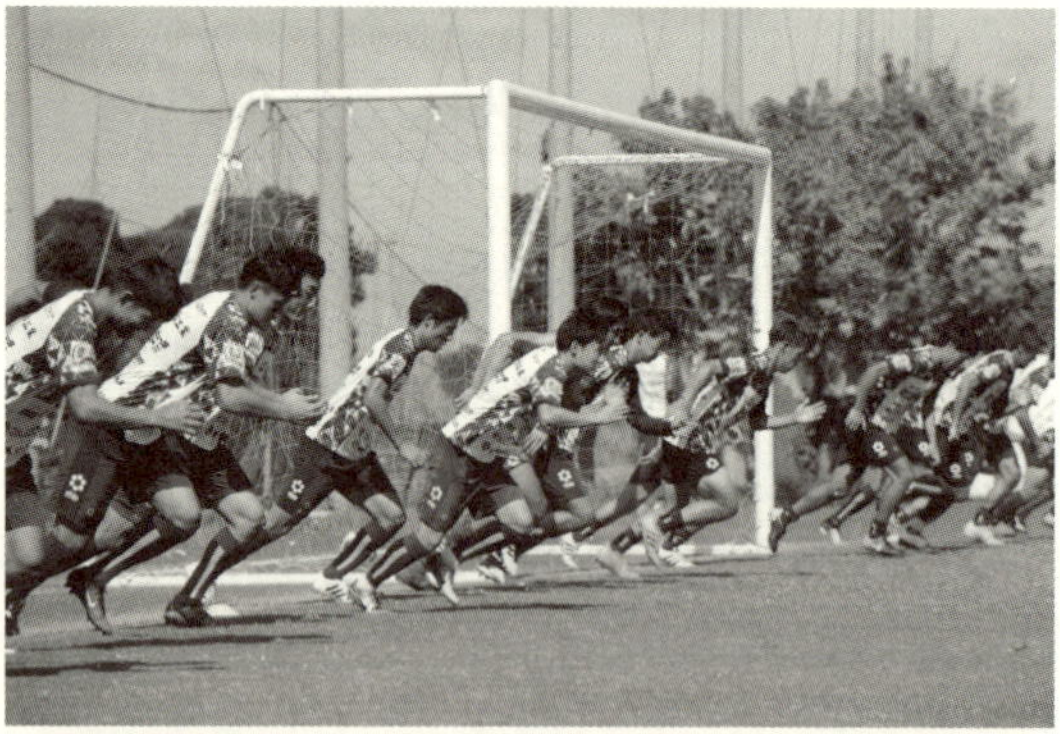

紅白戦の後、サーキットトレーニングに励むFC琉球の選手＝8日、東風平運動公園サッカー場

る」と話す。

進化した〝J2仕様〟のチームづくりが今後加速していきそうだ。新境地でも〝琉球旋風〟を巻き起こすことができるか。県民の熱視線が大きな力になる。

（11月10日）

熱きダンスで鼓舞　公式チーム「ボンバーズ」

サッカーJ3で優勝と来季のJ2昇格を決めたFC琉球。スタジアムで選手やサポーター、ファンを盛り上げるのはクラブの公式ダンスチーム「琉球ボンバーズ」だ。2006年のJFL（日本フットボールリーグ）参入に合わせて誕生。当初は女性のチアダンスチームだったが現在は小中高の子どもたち約30人が観客の熱狂に火をつけて、選手たちの背中を押している。

現在のボンバーズのメンバーは、那覇市首里末吉町にあるダンススタジオ「BEAT　jAM」でダンスを習う子どもたちだ。

ボンバーズがFC琉球に関わるようになったのはJFL参入の06年までさかのぼる。プロスポーツ会場でのエンターテインメントに興味を抱いていた代表の吉田邦彦さん（52）とテレビ局関係者との縁がきっかけで、ホーム戦でダンスを披露することになった。吉田さんは台湾の芸能界でビビアン・スーさんの振り付けなどをしてきた経歴がある。FC琉球はJ3参入以降、一時は観客がホーム戦で500人台だったこともある。今季はこれまで平均3千人を超えており、ボンバーズも来場者の「おもてなし」に一役買っている。

吉田さんは「結成当初はJ3はなく、J2目指して応援してきた。今では子どもたちの心の成長にもつな

琉球ボンバーズを指導する吉田邦彦さん

がっている。12年でここまで到達できた」と感慨深げ。メンバーの上間妃立さん（石嶺小3年）は「ダンスの時は緊張を顔に出さずに笑顔を心掛けている」と〝プロ意識〟も高く、「FC琉球が強くなってうれしい。応援してきて良かった」と笑った。

ボンバーズとは別に芸能活動をしているリーダーのHINANOさん（17）は「自分たちのパフォーマンスを見せる場があり感謝している。ボンバーズの活動で礼儀や人との接し方なども学べている」と話す。

23日のホーム最終戦では4562人が集まり、今季負けなしの記録を打ち立てたFC琉球。ボンバーズもこの日は特別に、下部組織の子どもたちも合わせて約150人でとびきりの笑顔のダンスを見せた。

（運動部・新垣亮／11月24日）

朴一圭主将　独占メッセージ

サッカーFC琉球でJ3優勝とJ2昇格の立役者となったGKの朴一圭主将（28）が、沖縄タイムスにメッセージを寄せた。

今季開幕前に立候補してキャプテンに就いた時から、毎日のように危機感を感じていました。琉球は若手が多く、若さゆえに悪い方向に調子づいちゃうことがある。リスク管理ではないですが、「締めるときは締める」と考え、若手に毎日のように厳しい言葉をかけました。「そんなんじゃ上で通用しないよ」「今のレベルで満足するな、しょせんJ3なんだから」とか。今季チームが下を向いた時はなかったと思います。そうならないように注意を払った。常に若手に現状に満足させず、目標を与え続ける日々でした。

優勝と昇格を決めた11月3日の群馬戦は4－2で快勝しましたが、最後の笛が鳴るまで緊張が取れなかった。終わった時はほっとした気持ちしかありませんでした。

キャプテンに立候補したのは自分に大きなプレッシャーをかけたかったから。琉球がJ2に上がることや自分がＪ２やＪ１に行った時に良いプレーができるのか、自分の存在価値を示せるかと想像した時、まだ刺激が足りなかった。もっと何かを背負って生活したり、サッカーに打ち込んだりすることが大切なんじゃないか、と考えたんです。

今季のターニングポイントは６月２日、ホーム第12節の長野戦だったと思います。第９節でガンバ大阪Ｕ－23に勝利し連敗を止めた。そして昨季覇者の秋田にスコアレスで引き分けて守備面で成果が見えた中で、次の長野戦では後半30分に追加点を挙げて２－０としました。残り15分くらいあったんですが、いつもならボールを前に蹴って「時間稼ぎしたいな」とか思うんだけど、相手が来ても僕らは徹底的にボールを回し続けた。回して回して相手ゴールに向かう。常日頃から理想としてきた形が具現化できた。あの試合で軌道に乗り、連勝につながったと感じています。

ぱく・いるぎゅ　1989年12月22日生まれ。埼玉県出身。東京朝鮮中高級学校から朝鮮大学校を卒業後、藤枝ＭＹＦＣ、ＦＣ　ＫＯＲＥＡ、藤枝を経て、2016年シーズンからＦＣ琉球

去年の９月の秋田戦の接触プレーで右手小指を痛めました。突き指くらいかなと普通にトレーニングをしていたんですが、今年に入って、２月に激痛が走って病院に行ったら骨が折れていた。装具を作ってもらい、練習と試合を繰り返していると徐々に痛みが広がるし、さらに小指が曲がっていったんです。それで優勝が見えてきた時、医者に手術の相談をしたら復帰まで２、３カ月かかると。逆算して来季の開幕に間に合うよう了承を受けて優勝が決まった後の11月12日に手術しました。術後は順調。来季を見据えポジティブな手術だと考えています。

鍾成さんからは高校３年間と大学最後の２年間指導を受けました。５年間の指導を受けたときに、高校では「あと一歩で全国に行けたのに」というシーンが多

かった。大学時代はリーグで残留争いが続き、鍾成さんは頭を悩ませる苦しい時期しかなかったと思う。せめて次に一緒にサッカーをする機会があれば「優勝」とか「昇格」に貢献したいと思って、3年前、直接オファーをもらった時に二つ返事で「行きます。むしろやりたいです」と言いました。気持ちだけはありましたが琉球での最初はなかなかプレーがついていかなかった。今季、思い描いてきたことがやっと形になりました。

自分は攻撃的なキーパーで、ビルドアップ（攻撃の組み立て）にも一緒に参加する。ゴールを守らないといけないのに、どんどん自分たちのゴールから遠ざかるプレーが多い。果たしてそれがJ2でも通用するか。早くそれを試してみたいという興味があります。相手の質も上がってくると、思うようにプレーができないこともあるでしょう。その中で自分がやり続けることができるのかな、と。楽しみの方が大きいかもしれません。このスタイルを意識してやり始めたのは大学3年の時に鍾成さんが来てから。自分が足元がうまいというのを知っていたし、その時のチームにボールをつなげる選手が少なかった。それからペナルティーエリアの外でのプレーも増えたように思います。2年間いた藤枝もそういうサッカーだった。その経験を琉球でアウトプットできたと思います。

琉球のスタイルはJ2でも通用すると思うんです。自信を持ってやり続ければ大丈夫。しかしJ2には降格があり、その不安が、もしかしたら出てくるかもしれません。だけど選手や現場、フロントを含めてぶれずに「琉球はこういうサッカーをしていくんだ」というベースをつくって、貫いて戦い通せば中位より上にはいると、自負しています。怖さを知らないのもいいのかもしれません。今季も首位にいて「プレッシャーないんですか」と聞かれましたが、「（優勝を）知らないから重圧を感じません」と答えていました。J2でも一緒です。チャレンジするしかない。

優勝を決めた群馬戦やホーム最終の相模原戦ではスタジアムに多くの人が来てくれた。もっとサッカーを好きになってもらえるか、ってていうところに自分たちも力を注いでやっていかないといけませんね。

声援やその熱量はそのまま自分たちのプレーに直結するんです。モチベーションも上がります。そういうところは一緒につくり上げていければ。選手だけではなく、みんなで一体となってＪ２で旋風を起こしたい。沖縄全体で。僕には十分やれる力があるとしか思えないんです。

（12月3日）

1面コラム［大弦小弦］ 12月4日付

資金難に2度の運営会社変更、度重なる選手の大量離脱など、サッカーＦＣ琉球の15年は波乱の歴史だ。だが今季、超攻撃的スタイルでＪ３優勝とＪ２昇格をつかんだ▼歩みをたどる「軌跡展」がきょうまで、タイムスギャラリーで開かれている。思いを巡らせば、会場に飾られたトロフィーとシャーレがより輝いて見える▼沖縄かりゆしFCを離脱したメンバーが立ち上げた球団は、住居や食事にも困る選手ばかり。冬は離島に渡り、サトウキビ刈りなどで資金を稼いだ。練習場を借りられず、夜の住宅街の児童公園でやって通報されたこともある▼窮状を見かねた人たちが食事をさせたり、カンパを集めたりして選手を支えた。そんな昔を知るファンも来場し、思い出話に花を咲かせていた▼自分が着ていた昔のユニホームが展示品にないと見るや、その場で脱いで「これも飾ったら」と勧める人も。「低迷が長かったから、優勝の喜びは格別では」と聞くと「昔も楽しかったよ。Ｊで活躍した選手を琉球で見られるんだから」▼旋風を巻き起こしたチームは今週で解散し、選手は契約更改に臨む。来季Ｊ２に挑む布陣は白紙だが、選手もフロントも忘れないでほしい。困窮の中で、沖縄からＪを目指した先人がいたことを。弱くても醜聞を聞かされても、見捨てなかったファンがいることを。

（磯野直）

Ⅲ　ＦＣ琉球・15年の軌跡

ＦＣ琉球の「奇跡」はそのたどってきた足跡からも感慨深く語られる。Ⅲ章では、写真を中心に15年の軌跡を振り返る。

軌跡・概観

県リーグ３部からの船出

２００３年に産声を上げたＦＣ琉球。九州リーグの沖縄かりゆしＦＣの元メンバーでつくり、同クラブの元テクニカルディレクターだったラモス瑠偉氏が発足の後押しをした。

同年２月に正式発足し、県リーグ３部からの船出だった。Ｔシャツにチーム名をプリントしたユニホームを着用し、選手たちが活動資金を捻出するために南大東島で土木作業に従事するなどした苦労話は、今でも草創期を知る人たちの語り草だ。

04年には元日本代表で県系2世の与那城ジョージ氏が監督に就任。県協会の推薦で飛び級で挑んだ県リーグ１部を制覇。05年に九州リーグに戦いの場を移すと、ホーム開幕戦で３千人を超えるサポーターやファンが駆け付けて盛り上がった。ホームゲームの５試合で観衆は平均４千人超え。同年、声援も味方に全国地域リーグ決勝大会で優勝し、アマチュア最高峰の日本フットボールリーグ（ＪＦＬ）への昇格を決めた。

ＪＦＬ昇格まで順風満帆に見えたが、ＪＦＬでは厳しい戦いが続いた。08年には元日本代表監督のトルシエ氏を招いたり、11年には元日本代表で県出身ＦＷ我那覇和樹の加入などが話題をさらったが、ＪＦＬ時代の８シーズンで最高位は11、12年の9位にとどまった。

Ｊリーグへの扉が開いたのは13年。リーグ入りの最初の関門「リーグ準加盟」がＪ２規格のスタジアム整備、財務体質の改善などをクリアしたことで、３度目の挑戦で承認された。14年のＪ３元年は薩川了洋監督の指揮の下、12チーム中の9位。15年も9位。なかなかＪ３の優勝争いには絡めなかった。

16年から金鍾成監督が指揮を執り、同年は8位。Ｊ2ライセンスを取得した17年は6位と着実に順位を上げて、18年、ついにＪ2昇格という大輪の花を咲かせた。

13年のＪ３参入は制度改革の追い風に乗ってたどり着いた。しかしＪ３優勝、Ｊ2は文句なしの強さで勝ち取ったものだ。誇れる新たな歴史が刻まれた。

（新垣亮・11月4日）

写真で振り返る
ＦＣ琉球の15年

ＦＣ琉球が今、Ｊ２への扉を開こうとしている。２００３年の発足から15年。途中幾多の苦難に直面したが、そのたびに乗り越えてきた。クラブの歩んだ歴史を、写真とともに振り返る。

【2002年12月】かりゆしFCからの一斉離脱

12月1日に開催されたサッカー天皇杯1回戦終了後、沖縄かりゆしＦＣの選手が急きょ会見を行い、この試合を最後に、選手19人、スタッフ1人が退団する

試合終了後、緊急に会見を行う沖縄かりゆしＦＣの選手たち＝2002年12月1日、沖縄県総合運動公園

と発表した。この時の離脱メンバーが中心となり、FC琉球が生まれた。

契約書が存在しない雇用形態、チーム外の人間の大会での選手登録、選手たちに信頼の厚いラモス瑠偉テクニカルディレクターの突然の解任など、これまでのチーム運営の問題点を挙げ「監督には、方針に従わないとクビだと言われた。怒りを通り越し悔しさを感じた」と選手らは憤りをあらわにした。

【2003年2月】FC琉球、正式発足

沖縄かりゆしFCを一斉退団した選手らでつくる新チーム「FC琉球」が正式に発足した。Jリーグ昇格を目指し、初年度となる今季は県3部リーグに参戦する。

本来、新チーム結成後は約1年間の準備期間と活動実績が必要だが、県サッカー協会の配慮もあって県3部リーグから参加することになった。

【2003年6月】球団初のタイトル

6月29日の決勝で海邦銀行SCと対戦したFC琉球。比嘉リカルドのゴールで先制したものの1—1と追いつかれ、同点で折り返した。後半に入り高地系治の勝ち越しシュートなどで点差を広げ、海銀SCを振り切った。

県社会人サッカー選手権決勝・FC琉球—海邦銀行SC　後半、FC琉球は高地系治がゴール左側から逆転のシュートを決める＝2003年6月29日、沖縄県総合運動公園陸上競技場

【2003年8月】かりゆしと初対戦

沖縄かりゆしFCと初の直接対決となったのは、8月10日。タイムス杯サッカー（天皇杯沖縄県予戦）準決勝。前半20分に琉球のFW関貴史がFKのこぼれ球をけり込んで先制。しかし、かりゆしは前半ロスタイムにエドアルド・ルイコスタが押し込んで同点。延長後半、かりゆしFW松原良香がVゴール。勝利はならなかった。

タイムス杯サッカー準決勝・かりゆしＦＣ―ＦＣ琉球　後半９分、かりゆしＦＣの酒井良（左上）が右サイドからシュートを放つが惜しくもはずれる＝ 2003 年８月 10 日、北谷陸上競技場

【2004年2月】与那城ジョージ監督就任

ブラジル出身の県系2世、与那城ジョージ氏が監督に就任。

就任会見で意欲を語る与那城ジョージ新監督＝ 2004 年２月 16 日、那覇市・パシフィックホテル沖縄

就任会見では「つなぐサッカーを目指したい。土台を築いた後に必要な戦力の新加入もあるだろうが、土台づくりは急がず、じっくりと、今いる選手の完成度を高めたい」と、チームを手堅くまとめていくことを強調した。

【2004年4月】藤吉信次が入団

元五輪代表で、ヴェルディ川崎（現東京V）、京都サンガなどで活躍したFW藤吉信次が加入。以前から親交のあった与那城ジョージ監督の誘いで今回の入団が決まった。

ピッチ上のプレーだけでなく、ひょうきんな性格とパフォーマンスでサポーターの心をつかんだ、琉球の黎明期を代表する選手のひとり。06年シーズンまで在籍した。

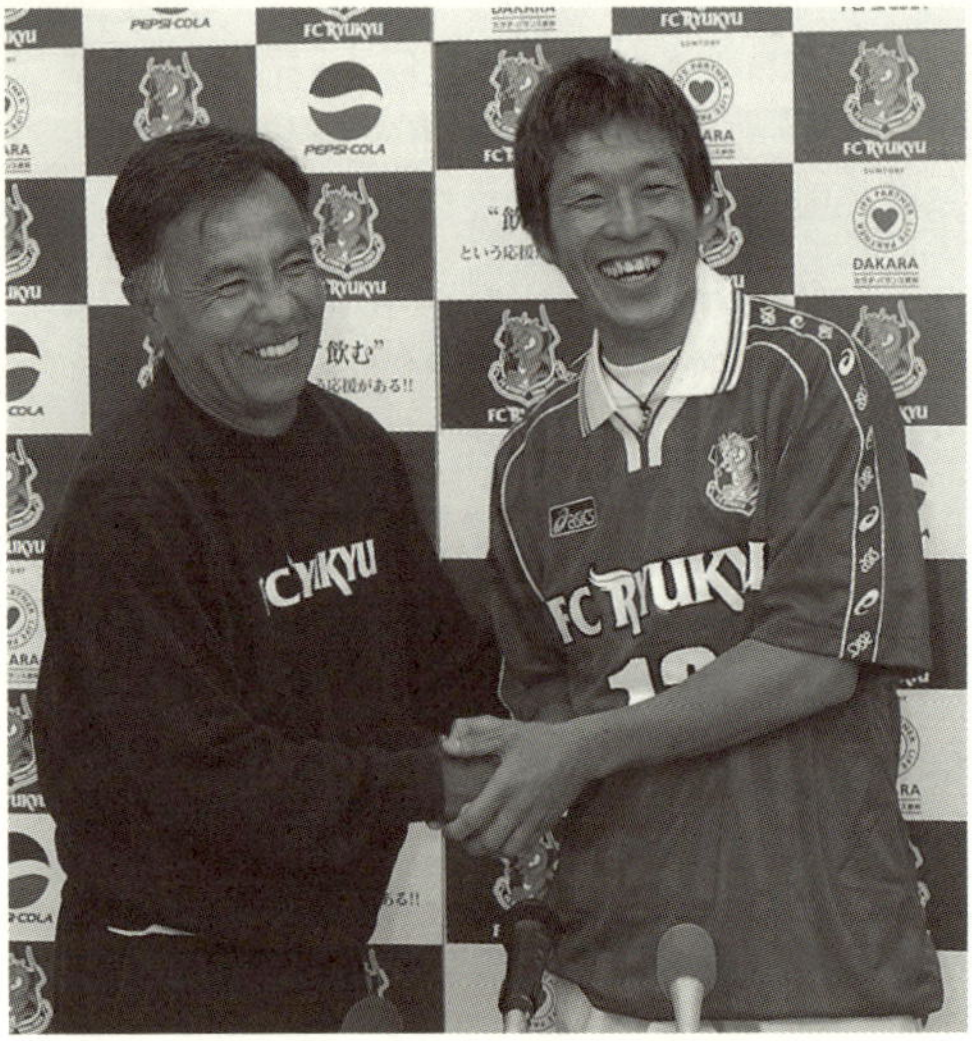

記者会見で藤吉（右）は与那城監督（左）と握手。「さらに上を目指してやっていく」と抱負を述べた＝ 2004 年 4 月 22 日

【2004年8月】かりゆしFCに勝利

8月29日のタイムス杯（天皇杯県予戦）準決勝で沖縄かりゆしFCと対戦。前半39分、FWの宮城哲朗が頭で合わせ、決勝点を決めた。主将の望月隆司は「かりゆしは大きな壁だった。天皇杯はチームの目標。ぜひ出場権を勝ち取って、九州リーグ、JFL入りへのきっかけにしたい」と夢を語った。

9月12日の決勝では海邦銀行SCを2—0で下し初優勝、天皇杯本戦初出場を決めた。

【2005年4月】九州リーグ参入

2003年の創立時に沖縄県リーグ3部でスタートした琉球は、04年は飛び級で県リーグ1部へ昇格、05年は九州リーグへと活躍の舞台を移した。

タイムス杯準決勝・FC琉球―沖縄かりゆしFC　決勝点を決めたFC琉球の宮城哲朗。後半も積極的にゴールを狙う＝2004年8月29日、北谷公園陸上競技場

【2005年6月】永井秀樹が加入

ヴェルディ川崎（現・東京V）などで活躍したMF永井秀樹が加入。入団会見で「沖縄のファンに喜んで

FC琉球―V・ファーレン長崎　前半22分、フリーキックを決め、FC琉球イレブンから祝福を受ける比嘉リカルド（中央）＝2005年4月24日、北谷公園陸上競技場

ＦＣ琉球のユニホームを身にまとった永井（左）。与那城監督と握手で活躍を誓った＝2005年6月13日、那覇市天久・ＦＣ琉球コミュニティプラザ

もらえるようないいサッカーを見せたい」と活躍を誓った。06年に古巣の東京Ｖへ移籍したが、08年に復帰、13年まで活躍した。

【2005年12月】アマ最高峰リーグ・ＪＦＬ昇格

九州リーグを2位で終え、全国地域リーグ決勝大会に駒を進めた琉球は、同大会で初優勝。国内アマチュアの最高峰リーグであるＪＦＬへの昇格を決めた。

沖縄初のＪＦＬ参入を成し遂げたＦＣ琉球。全国地域リーグ決勝大会優勝でＪＦＬ昇格を決めた＝2005年12月4日、岡山県陸上競技場

【2006年シーズン】ＪＦＬ初年度は14位

全国リーグのＪＦＬへと舞台を移した琉球だったが、全国の壁に苦しんだ。初勝利は第9節まで待つこととなった。シーズン成績は6勝11分け17敗（勝ち点

29）で順位は18チーム中14位。与那城ジョージ監督はこのシーズン限りで退任した。

一方、ホームゲーム17試合で合計5万4213人の観客動員や琉球BOMBERZ（ボンバーズ）のチアダンスによる盛り上げなどが評価され、ベストサポーター賞を受賞した。

㊨FC琉球―流通経済大　後半8分、CKを頭で押し込み、ハットトリックを決めて喜ぶ黒田福太郎。琉球はこの試合に3－0で勝利、JFL初白星を挙げた＝2006年5月7日、北谷公園陸上競技場

㊦JFL最終節で選手たちに胴上げされる与那城ジョージ監督＝2006年12月3日、富山県総合運動公園陸上競技場

【2007年3月】ハンドボールチーム創設

サッカー以外の競技も含めた総合クラブを目指していた琉球は、ハンドボールチームの創設へ向け06年からトライアウトを実施、07年に正式発足した。ゼネラルマネジャー（GM）兼選手として元日本代表の田場裕也を招いた。その後ハンドボールチームは独立、琉球コラソンとして活動している。

正式に発足したＦＣ琉球の男子ハンドボールチーム。前列中央は田場裕也GM＝2007年3月6日、那覇市・ロワジールホテルオキナワ

【2007年シーズン】降格の危機

後期第3節でTDK（現・ブラウブリッツ秋田）に0―8の大敗を喫するなど、未熟な連携で苦戦したシーズン。途中様々な補強を図ったものの、浮上できなかった。

7勝6分け21敗（勝ち点27）、得失点差マイナス44で18チーム中17位。九州リーグに降格してもおかしくない順位だったが、上位のJ2昇格や合併によって降格を免れた。

【2007年12月】トルシエ総監督就任

低迷を打破し、J昇格へ体制を強化しようと、2002年のワールドカップで日本代表を率いたフィリップ・トルシエ氏を総監督に招聘した。期待の声が上がった一方、選手11人解雇の直後の発表に、選手や

サポーターには戸惑いもみられた。

トルシエ氏と琉球の橋渡し役となったのは、スポーツライターの金子達仁氏を介して接触した、総合格闘技イベント「ＰＲＩＤＥ」を率いた榊原信行氏だった。

【2008年シーズン】ほろ苦い改革元年

元代表選手を含む大幅補強に加え、フランスからジャン・ポール・ラビエ氏を監督に招き、「トルシエ革命元年」と銘打って臨んだシーズンだったが、戦績は昨季と同じ7勝6分け21敗（勝ち点27）で16位。

ＦＣ琉球―ＴＤＫ　前半に大量６点を奪われ、肩を落とすイレブン＝2007年7月16日、県総合運動公園陸上競技場

会見で記者団からの質問に答える（左から）フィリップ・トルシエ氏、野口必勝ＦＣ琉球代表、榊原信行氏＝2007年12月19日、那覇市

ＦＣ琉球―流通経済大学　４点目を決められ、うなだれるイレブン＝2008年11月23日、北谷公園陸上競技場

フィジカルや戦術などピッチ上の課題だけでなく、フロント、指揮陣、選手の意思疎通が十分でなく、信頼関係が築けなかったしわ寄せがシーズン後半に響き、後期はホーム戦未勝利で終わった。タイムス杯（兼天皇杯沖縄県予戦）でも、準決勝で沖縄大学に1－5と大敗。サポーターはいら立ちを隠さなかった。

また、この年はホーム用ユニフォームがチームカラーのベンガラ色ではなく、水色メインとなったことでも物議をかもした。

08年の琉球の守護神となったGKライス・エンボリは、その後アルジェリア代表として10年、14年のFIFAワールドカップに出場。14年大会ではアルジェリア対ドイツのマン・オブ・ザ・マッチに選出された。

【2009年】初の準加盟申請

Jリーグ参入を目指し、準加盟を申請した。野口必勝代表は「現状の課題を明確にするため、チャレンジした」とコメントしたが、スタジアム建設など条件のクリアが見えない状態での申請だった。

ＦＣ琉球―アルテ高崎　前半、高崎・小柴翔太のシュートをセーブする琉球のＧＫライス・エンボリ＝2008年4月27日、北谷公園陸上競技場

【2009年シーズン】勝利数上積みも…

創設時にチームを率いた新里裕之氏が、監督に復帰して臨んだシーズン。前期は開幕6連敗に加えホーム戦未勝利と厳しい戦い。最終成績は11勝5分け18敗で、勝利数と勝ち点36はともにチーム最高成績だったが、順位は16位で終わった。

【2009年12月】最初の運営母体変更

シーズン終了直後、衝撃が走った。FC琉球をこれまで運営してきた「琉球スポーツキングダム」が経営難に陥り、トルシエ氏と琉球の橋渡し役を担った榊原信行氏が率いる「沖縄ドリームファクトリー」が新たな運営母体となった。変更直後に開催された、榊原氏ら球団幹部とサポーターが意見を交わすシンポジウムでは、これまでの運営に対する厳しい意見や要望が続出した。

また、創立時の歴史的経緯からFC琉球の県内でのライバル的存在だった沖縄かりゆしFCが、経営難で2010年1月に解散した。

ＦＣ琉球―ソニー仙台　前半17分、琉球の山下芳輝（左）が先制のＰＫを決める。この試合で約１年ぶりのホーム戦白星を挙げた＝2009年７月５日、北谷公園陸上競技場

【2010年シーズン】一時上位争い

JFL昇格以降、監督が毎年変わっていた琉球だが、新里監督が続投した。

最終成績は14勝6分け14敗（勝ち点48）の10位だったが、一時は5位に浮上し上位争いを演じた。

【2010年12月】我那覇和樹が加入

シーズン後にサプライズがあった。沖縄出身で初の

A代表入りを果たした我那覇和樹が入団した。宜野湾高校時代は新里監督とFWコンビだった我那覇は、入団会見で「沖縄のために戦いたい」と熱く決意を語った。

ＦＣ琉球―町田ゼルビア　後半22分、琉球の田中靖大（右）が２点目のヘディングシュートを決める＝2010年７月11日、北谷公園陸上競技場

【2011年シーズン】首位に立ったが

新里監督3年目のシーズンは、ＪＦＬ昇格後初の首位に立ち、リーグ枠で天皇杯出場権を得る程の飛躍を見せた。しかし、終了時点では14勝４分け15敗と負け越し、勝ち点46の９位。新里監督はこのシーズン限り

入団会見で抱負を語る我那覇和樹（左）。右は新里裕之監督＝2010年12月22日、那覇市・沖縄ハーバービューホテルクラウンプラザ

で退任した。

Jリーグへの昇格に必要な「準加盟」を申請したが、最終的にはスタジアム整備や財務状況などの必要な条件をクリアできず断念した。

【2012年7月】競技場の改修決定

Jリーグへの準加盟に必要な要件のひとつ、公式戦に対応した競技場。県土木建築部と「Jリーグチームを誕生させる会」が、県総合運動公園陸上競技場をJ2規格に改修する計画を発表した。

㊤FC琉球―栃木ウーヴァ　後半31分、琉球の國仲厚助（左）がGKの動きを読んで4点目のシュートを決める。この試合に4―0で快勝した琉球は、初の単独首位に浮上した＝2011年6月5日、沖縄市陸上競技場

㊨シーズン最終戦の試合後、スタンドのサポーターに手を振って応える新里裕之監督＝2011年12月11日、沖縄市陸上競技場

【2012年シーズン】キャプテン・我那覇和樹

元鳥取の松田岳夫氏を監督に迎え、キャプテンに我那覇和樹を据えて臨む。12勝7分け13敗(勝ち点43)で、順位は前年と同じ9位。総得点がリーグ2位の58点と攻撃力を発揮したのに対し、守備が安定せず、失点がリーグワースト2位の62点。松田監督は1シーズンで退任となった。

個人では光る活躍もあった。FW高橋駿太が20ゴールでクラブ初のリーグ得点王となり、我那覇も13ゴールを挙げている。

Jリーグ昇格に必要な準加盟は、スポンサーの数や平均観客数の条件が整わず、この年も申請を断念。ホーム最終戦後に榊原代表が「来季、J昇格の礎ができなければ、チームを去る」と撤退を示唆、スタンドが静まり返った。

【2013年2月】J3設立へ

2014年から、J2の下に3部リーグ(J3)が設立されることとなった。

FC琉球―MIOびわこ滋賀　後半39分、琉球に高橋駿太が2点目のシュートを決める。このゴールでシーズン得点王となった＝2012年11月18日、沖縄市陸上競技場

Jリーグを目指す琉球にとってチャンスだったが、その前に準加盟という壁が立ちはだかっていた。6月、琉球は3度目のJ準加盟を申請した。

【2013年8月】2度目の運営母体変更

球団の運営が「沖縄ドリームファクトリー」から、新会社の「琉球フットボールクラブ」へ移管された。

社長にはドリームファクトリーから移籍した下地良氏が就任した。

榊原代表が自ら私財をなげうって赤字の穴を埋めていた財務の健全化や、地元企業による支援強化が、準加盟のためにも求められていた。その受け皿としての新会社だった。

ＦＣ琉球の新運営会社「琉球フットボールクラブ」の下地良社長（左から４番目）ほか新役員と榊原信行沖縄ドリームファクトリー代表（左端）＝2013年８月29日、沖縄県庁

【２０１３年９月】Ｊ準加盟承認、Ｊ３参入

３度目の申請で、Ｊリーグへの準加盟がようやく認められた。10月にはＪ３のクラブライセンスの取得に成功、翌２０１４年に新設されるＪ３への参入が決まった。

ただし財務面の課題は引き続き残り、選手の報酬の減額などを迫られ、シーズン終了時には多くの選手が去った。琉球の代表的選手となっていた我那覇和樹も、14年１月にＪ２讃岐へ移籍した。

【２０１３年シーズン】ＪＦＬ最後は11位

序盤は高橋駿太がＪＦＬ新記録となる８試合連続ゴールを挙げるなど攻撃力を発揮し、上位争いをしたが、ボランチやＤＦ陣が固まらず、シーズン中盤以降、得点力や守備力が次第に低下。12勝10分12敗（勝ち点

46）の11位と、前年より順位を下げた。

そしてこれが、ＪＦＬでの最終成績となった。

この年から指揮をとった薩川了洋《さつかわのりひろ》監督は、試合後の会見などでの自由奔放な言動が注目を集め、サポーターから愛される存在となった。

ＦＣ琉球－ＭＩＯびわこ滋賀　前半41分、先制のシュートを放つ琉球の我那覇和樹（左）＝2013年9月21日、沖縄市陸上競技場

【2014年】Ｊ3最初の年

新設された3部に参入という形で、Ｊリーグのクラブとしての歩みを始めた琉球。ＪリーグＵ－22選抜との開幕戦を白星で飾った。

しかし前半戦で1カ月間未勝利や6失点の大敗など調子は上向かず、8勝10分け15敗（勝ち点34）、12チーム中9位と不本意な成績に終わった。

2009～13年まで、球団の公認マスコットだったぐしけんくん（仮）＝2013年

【2015年3月】Ｊ2規格のスタジアムに改修

総事業費35億円をかけて14年6月に着手した、沖縄市の沖縄県総合運動公園陸上競技場のＪ２規格への改

修が完成した。

　ベンチ型だった座席を全席個席に変更し、新たにバックスタンドと北側の芝生に座席を設置。総席数1万126席に。このほか、大型スクリーンや全国初となるLEDを使用した屋外照明灯4基を新設した。

【2015年シーズン】「薩川イズム」浸透せず

　薩川監督が過去に率いたAC長野出身の選手を中心に補強、「薩川イズム」の浸透を図ったが、終盤に攻守のバランスが崩壊し失速、12勝9分け15敗（勝ち点45）、13チーム中9位で終わった。薩川監督はこのシーズン限りで退任した。

　昨年以上に人件費を削減し、「アマチュア選手が3分の2」の状況で戦った。薩川氏は「選手が少しでも

㊤ＦＣ琉球－ＪリーグＵ 22 選抜　後半 10 分、先制点を決めるＦＣ琉球の小幡純平＝ 2014 年３月９日、県総合運動公園陸上競技場
㊥ブラウブリッツ秋田戦、ボレーシュートを放つ中山悟志（右）＝ 2014 年６月 22 日、沖縄市陸上競技場
㊦スタンド新設などでＪ２規格に生まれ変わった県総合運動公園陸上競技場＝ 2015 年３月 11 日

サッカーに集中できるような環境づくりに力を」と求めた。

また、このシーズンは女子日本代表「なでしこジャパン」FW岩渕真奈の兄、岩渕良太がレンタル移籍で在籍、活躍した。

ＦＣ琉球－Ｊリーグアンダー 22 選抜　前半、シュートを放つ琉球の岩渕良太＝ 2015 年 3 月 29 日、県総合運動公園陸上競技場

経営面では、那覇市助役などを務めた山川一郎氏が、8月に社長に就任。２０１５年度は２００万円の黒字で、リーグ参加資格を失う可能性が出る3期連続赤字を免れた。

最終戦を終え、サポーターにあいさつする薩川了洋監督＝２０１５年11月23日、県総合運動公園陸上競技場

【2016年シーズン】「3―1で勝つ」を目指して

琉球のU―15を率いていた金鍾成《キムジョンソン》氏が監督に就任。「3―1で勝つ、見ていて飽きない」攻撃的サッカーを目指した。

12勝8分け10敗（勝ち点44）。順位は昨シーズンより一つ上げた8位で、目標の2位以内には届かなかった。リーグ30戦で総得点は46と多かったが、総失点も46で、金監督はシーズン終了後「30試合なら最低60点を取らなければならない。その上で失点を30点くらいに抑える。プロは内容と結果が大事」と来季に向けて

ＦＣ琉球ーＡＣ長野パルセイロ　後半ロスタイム、琉球の田中恵太がＰＫを決める＝ 2016 年 10 月 23 日、県総合運動公園陸上競技場

ＦＣ琉球ーアスルクラロ沼津　後半ロスタイム、同点ゴールを決め喜ぶ琉球の富所悠（左）＝ 2017 年 5 月 13 日、沖縄県総合運動公園陸上競技場

目標を語った。

【2017年シーズン】守備安定、順位も上昇

金監督体制2シーズン目。2、3節でGKが2人続けて負傷交代という厳しい滑り出しだったが、シーズンを通して見ると失点が大幅に減少、来季に向けた好材料となった。

目標の2位以内こそ届かなかったものの、13勝11分け8敗（勝ち点50）でJ3参入後で最高順位となる6位（17チーム中）で終えた。

前年の12月16日に社長に就任した倉林啓士郎氏は、「サッカーで地域づくり」を念頭に「地域が支えたくなるクラブ」を目指した。その奮闘は、本紙連載「FC琉球フロント奮闘記」（本書108頁掲載）でも取り上げた。

＊沖縄タイムス＋プラス11月28日の「【写真で振り返る】FC琉球の15年」の記事・写真を中心に「沖縄タイムス」紙11月6日掲載の写真を加えて構成。

［連載］FC琉球と私　歴代担当記者の目①

沖縄拠点で初　全国転戦
2005～06年（九州LからJFLへ）

FC琉球は球団創設15年の節目となる今季、超攻撃的サッカーでJ3優勝とJ2昇格を勝ち取った。だが15年の道のりは、決して順風満帆ではない。歴代担当記者5人が見たそのときどきのチームを振り返る。

11月3日のタピック県総ひやごんスタジアム。久しぶりに観戦したFC琉球が4－2で大勝してJ2昇格とJ3優勝を決め、歓喜に沸く瞬間を味わうことができた。

選手たちは大一番のプレッシャーを感じさせず、決定機には躊躇《ちゅうちょ》なく幾度もゴールネットを揺らす。初めてスタジアムに足を運んだ6歳の息子も、拳を握りしめてゴールを喜んだ。琉球が全国を舞台に戦うようになってから13年目。途方もなく成長を遂げたクラブの姿に、ただただ感動した。

２００５年、運動部に配属され、サッカー担当になった。琉球は創設３年目。沖縄初のＪ入りを目標に、県リーグ３部から飛び級で１部と順調に勝ち上がり、九州リーグに参入したばかりだった。

ブラジル県系２世で読売クラブで活躍した元日本代表の与那城ジョージさんが監督で、名門ヴェルディから沖縄に来た五輪代表の藤吉信次が精神的支柱としてチームを引っ張った。ＦＫの名手・比嘉リカルドと個性豊かな選手らがうまく溶け合い、行く手は順風満帆に見えた。

全国地域リーグ決勝大会で優勝し、ＪＦＬ昇格を決めて喜ぶＦＣ琉球＝2005年12月4日、岡山県陸上競技場

この年の琉球は九州リーグ２位。全国各地の地域リーグ代表がしのぎを削る全国地域リーグ決勝大会の出場権を得ると、同大会の最終ラウンドは３連勝で勝ち抜いて制覇。国内アマチュア最高峰の日本フットボールリーグ（ＪＦＬ）への昇格は破竹の勢いで決めた。

全員がスペースを見つけて動きながら、パスをつないでゴールに迫るサッカーは観客を魅了した。バスケットボールの琉球ゴールデンキングスも、ハンドボールの琉球コラソンもまだ誕生する前。沖縄を拠点に、全国を転戦するチームはＦＣ琉球が初めてだった。

魅力をどう読者に伝えるか。ホームもアウェーも追いかけ、得点の場面はボールや選手の動きを図で示したり、開幕やシーズン折り返しの節目ごとには先発フォーメーションの変遷や変動する順位をグラフ化したりと、ビジュアルを多用する展開を模索した。

だが、1勝が遠かった。速いプレスに九州リーグで通用したダイナミックさは鳴りを潜め、中盤とDFラインが間延びし、何度もカウンター攻撃に沈んだ。終盤は運動量が落ち、不用意なファウルでカードをもらう。初勝利を挙げたのは9試合目。一時はJFL残留も危うかった。14位の不振で与那城監督は退任した。

上のリーグで勝つことの難しさを感じさせられたJFL初年度だったが、1試合平均3千人を超える観客が救いだった。

今も13年前と変わらず、粘り強く声を張り上げ、J2昇格に涙を流すサポーターが目の前にいる。クラブを支えてきたサポーターが選手から受け取ったシャーレを掲げる姿に目頭が熱くなった。

（吉田伸／12月5日）

〔連載〕ＦＣ琉球と私　歴代担当記者の目②

高い理念　結果を出せず

２００８年「トルシエ革命」不発

トルシエ革命―。私が担当2年目の２００８年、ＪＦＬのＦＣ琉球が掲げた看板に戸惑った。唐突に、チームの格式が高くなったように感じたからだ。

２００２年Ｗ杯で日本を16強に導いたフィリップ・トルシエ氏がカテゴリーを大きく飛び越え、ＪＦＬ17位チームの指揮官となった。

新体制後、最初に面食らったのは非公開練習が設けられたこと。ほかにも、こまごまと取材制限が増えていった。スタッフも急増しピッチ外の会話で飛び交うサッカー関係者の名前が全国的な人ばかり。Ｊ１クラスの感覚を持ち込むという狙いだったのだろう。

体制を一気に変えて、短期でＪ２昇格を果たすという青写真は理解できた。ただ、実態がついてこなかった。トルシエ氏は「総監督」という聞き慣れない肩書で、同郷のフランス出身であるラビエ氏が監督に就任。トルシエ氏は常駐せず、時折現れては激しい口調で選手を鼓舞した。

そして指揮官たちと同時期に入団してきた選手たちを次々に主力として起用。個人能力の平均値は高まったように感じられたがチームの連動性は乏しく、終盤にもろかった。選手たちに現状を聞くと、フロントや指揮陣と信頼関係が築けていないことを伺わせた。

大勢の報道陣が集まったフィリップ・トルシエ氏（右）の会見
＝2007年12月19日、那覇市・トランスコスモスＣＲＭ社

当時、私はアウェー戦にも帯同取材し、他県チームの熱意にうならされることが多かった。

ある地方のアマチームはプロを目指す地元選手で構成し、「スカウトされるためのチーム」としてＪＦＬで奮闘。個々が貪欲に走り回り、琉球が逆転負けする姿を目の当たりにした。

過疎化に悩む県は、地域おこしでサッカーに賭けていた。ピッチ内外の熱量が高く、自治体職員がボランティアで競技場外の出店に立っていた。隣の芝生が青く見えたのかもしれないが、他チームは方向性が明確で力強く思えた。

「革命」を掲げた琉球の同季成績は昨季より一つ上げて16位、内訳は7勝6分け21敗と変わらず。天皇杯県予選は準決勝で沖縄大学に敗退した。結果だけで評価はできないが、試合内容を見る限り変革の過渡期とは受け取れなかった。

サッカー取材でよく聞いた言葉がある。「うまいチームが強いわけじゃない」。技や才が集まっても、勝利には必ず結びつかないということだろう。

「革命元年」から10年。

J3王者の琉球が、ほろ苦い記憶を地続きとして捉えているかは分からない。ただ、サポーターにとってはずっと同じベンガラ色の地元チーム。足元が揺れた時代にも、確かな声援があったことを忘れてほしくない。

（松田興平／12月6日）

［連載］FC琉球と私　歴代担当記者の目③

球団の方向性　試行錯誤

2009～11年　榊原氏　精力的に運営

「県民にJリーグチームが欲しいという気持ちが足らない」

シーズン残り3試合となった2011年11月、FC琉球の榊原信行代表は沖縄市陸上競技場での試合後、空きが目立つスタンドに向かってこう訴え、撤退もほのめかした。

当時はJ3がなく、JFLからJ2に昇格するには4位以内という成績とともに、ホームの平均観客数3千人などの条件があったが、これらを満たしきれないことへの不満だった。

球団が沖縄にどう根差すのか、試行錯誤している時代だった。

私が琉球担当として初めてのシーズンを終えた09年12月、球団の経営難を受け、新たに代表に就いたのがイベントプロデュースなどを手掛ける沖縄ドリームファクトリー代表の榊原氏だった。

かつて総合格闘技「PRIDE」を立ち上げた榊原氏は、幅広い人脈と資金力でチームを運営。代表就任前にはフィリップ・トルシエ元日本代表監督と球団を引き合わせ、10年には県出身の元日本代表FW我那覇和樹を獲得するなど、話題には事欠かなかった。

一方で、異色とも言える経歴をもつ榊原氏のサッカー界への進出は、好奇の目で見られることが多かった。派手なチーム運営は、決してサッカー強豪県とはいえない沖縄で「打ち上げ花火」(県サッカー協会関係者)と冷ややかに見る向きもあり、県サッカー界との温度差も垣間見えた。チーム内でも「身の丈にあったチームづくりをするべきだ」と不満の声が漏れた。

新里裕之監督の2011年シーズン限りでの退任を発表する榊原信行代表（左）＝2011年11月30日、県庁

Jリーグ参入に向け精力的に動き、今につながる種をまいたのも事実だ。サポーターとの意見交換会を定期的に開き、機運醸成に腐心。横浜FCの立ち上げに関わった田部和良氏（故人）をGMに招き、サッカーキャンプの誘致も成功させた。

チームは11年、前期を首位で折り返したものの、失速して9位。球団創設から関わってきた新里裕之監督が辞任したが、事実上の解任だった。

苦難の時代は、サッカーが沖縄に定着する過渡期だったように思う。

当時から残っている選手はMF富所悠だけだ。当時はほとんど出場機会がなく、取材した記憶はない。だが今季は司令塔としてチームの中心にいた。左サイドバックで活躍した徳元悠平は、11年に那覇西高が全国選手権に出場した際の1年生。琉球は、沖縄で育った選手が地元でプレーする夢の存在になったのかもしれない。

（大城大輔／12月7日）

［連載］ＦＣ琉球と私　歴代担当記者の目④

強気な姿勢　選手を鼓舞

２０１３〜15年　薩川監督の苦悩

私がＦＣ琉球を担当した２０１３〜15年は、監督だった薩川了洋さんの苦悩を見続けた３年間だったように思う。在任中の最高位は15年の13チーム中９位で、決して誇れる成績ではない。だが関係者の間で「薩川劇場」と称された試合後の会見では、メディア受けする発言で話題を集めた。低迷するチームとサポーターを鼓舞しようとする指揮官の存在は大きかった。

前任のＡＣ長野パルセイロ監督としての手腕を評価されて琉球入り。就任会見で「個人の能力は高い。一つになれば、大きな力になる」と新天地での抱負を語っていた。だが、プライドの高いメンバーをまとめるのは一筋縄ではいかなかった。

就任1年目はチームの雰囲気づくりに苦戦する。ベテラン勢と若手とのコミュニケーション不足が解消されず、一体感とは程遠い状況だった。週1回のペースで練習場へ足を運ぶ私の目にも、試合に出られない選手の不満がたまっていくのが感じられた。

そしてシーズン終盤に事件が起こる。選手起用に不信感を募らせる一部選手がＳＮＳを通じて監督とコーチを批判し、炎上する騒ぎとなった。

チームの不協和音を世にさらす事態にフロントは動揺を隠せず、問い合わせた私に「記事にしないでくれ」と懇願した。だが、選手から批判の矛先を向けられた当の薩川さんは意に介さず、「俺らは常に世間に見られている。悪いこともしっかり書いてよ」と記事化へ背中を押した。

17人の選手を入れ替えて臨んだ2季目のシーズンからは新設されたＪ３の舞台で指揮した。ホームスタジアムの改修も始まり、Ｊ２昇格に向けた機運も高まっていくが、チームを取り巻く状況は悪化の一途をたどった。

運営会社がスポンサー確保に苦労し、資金力は低下。成績不振で観客数は伸び悩み、スタジアムには空席が目立った。それでも薩川さんは「長野でも同じような条件の中で結果を出してきた」と強気な姿勢を崩さなかった。

財政難が続き、アマチュア契約の選手がチームの大半を占めた監督最終年の3季目。困窮した選手の仕事先を求め、練習後に企業を訪ねることもしばしばあった。「厳しい環境でも結果を残すのが俺らの役目。だけどこんな現状が続くのはつらいね」。あまり弱音を口にしない薩川さんの嘆きが、私の耳に残る。

退任発表後のホーム最終戦終了後には選手以上に熱い声援を受け、惜しまれつつもチームを去った薩川さん。支持した多くのサポーターは、彼が監督業に専念し、生き生きと指揮を執る姿を見たかったに違いない。

（花城克俊／12月8日）

Ｊ３参入が決定し、サポーターらと喜びを分かち合うＦＣ琉球の薩川了洋監督（右から２人目）＝2013年11月19日、沖縄市役所

［連載］ＦＣ琉球と私　歴代担当記者の目⑤

自主性求め　超攻撃貫く

2016～18年　錘成さんのプロ意識

ＦＣ琉球のホーム戦を最初に取材したのは２０１６年４月の大分トリニータ戦。Ｊ１経験のある大分に対し、臆することなく攻め続けるスタイルにすっかり魅

了された。

金鍾成監督、あえて選手たちが呼ぶように「鍾成さん」と書く。鍾成さんは就任1年目からJ3で低迷するチームに「超攻撃的サッカー」を植え付けようとした。他チームの監督は「琉球の試合は面白い」と口をそろえたが終盤の失点癖などもあり、1、2年目は優勝争いに加われなかった。

それでもリスク覚悟の「超攻撃的」を捨てず、完成形を目指した。迎えた今季、スタイルは結実し、J3の頂点へ一気に駆け上がった。

この3年間、鍾成さんは選手に徹底してプロ意識を植え付けたと感じる。プロ選手になる前、教員を志したこともあったという。選手を見つめるまなざしは教育者のように優しかった一方で、「プロは内容と結果が求められる」が口癖だった。「監督が言ったことを実行するだけが役割だなんて、そんな無責任な話はない」と選手に自覚を求め続けた。

1年目終了後に語ってくれたことがある。趣味のゴルフの練習場で、県民が高校野球のテレビ中継にくぎ付けになる姿に「これだよな」と思ったという。「あれが理想だ。沖縄にサッカー文化を根付かせたい」

フロントの尽力はもちろんだが、やはりチームが勝てばスタジアムに多くの人が足を運んでくれる。就任1年目の入場者数は千人を切る試合もあったが、今季は平均3千人を超えた。1点を失っても3点を奪って勝つスタイルは「琉球の試合は楽しい」と浸透し、徐々にファンを増やした。

優勝を決めた11月3日は今季最多の7810人。「超攻撃的」を貫いた鍾成さんと応えた選手、そして集まった大観衆が感動的な一夜をつくり上げた。そこに立ち会えたことは記者冥利《みょうり》に尽きる。

県庁での優勝報告会で鍾成さんが語った「一人一人がチームコンセプトを実行する駒ではなく、自主性や主体性が表現されたからこそ結果につながった」は、チームの全てを表していたと思う。

チーム編成では、鍾成さんの高校の恩師で強豪の国学院久我山高を率いた指導歴がある李済華GMの発掘・育成の手腕も大きかったことも付け加えたい。

Ｊ３を制した今季最後の練習を終え、記念撮影するＦＣ琉球の選手、スタッフ＝12月６日、那覇新都心公園多目的広場

Ｊリーグ発足から四半世紀の今年、Ｊ２昇格を決めた創立15年の琉球が、近い将来Ｊ１の扉を開くのも全くの夢物語ではない。

今季、選手たちは沖縄サッカーの〝未来〟もピッチ上で描き出してくれた。情熱をたぎらせて勝利の喜びを味あわせてくれた鍾成さんやスタッフ、選手には「ありがとう」の言葉しかない。

（新垣亮／12月９日）

あとがき

２０１８年12月６日、那覇市新都心公園の多目的広場。師走とは思えない陽気の中でＦＣ琉球はシーズン最後の練習を終えた。同２日にアウェーでの最終戦を終え、20勝６分け６敗の成績を残し、断トツでＪ３の頂点と来季からのＪ２昇格を決めた後。選手たちはこの日、リラックスした様子で軽めに汗を流していた。

最後の円陣で金鍾成監督があいさつし、輪が解けようとした。どうしてもしたいことがあった。声を掛けるタイミングを計りながら近づこうとした瞬間、選手の１人が自発的に切り出してくれた。

「みんなで最後に写真撮りましょうよ」

まさに私が言おうとした言葉。「待ってました」と言わんばかりに進んでカメラを構え、普段より多めにシャッターを切った。選手とスタッフ、そして金監督、一人一人の表情がまぶしかった。

それから1カ月、チームは激動した。金監督の退団と鹿児島ユナイテッドＦＣの監督就任。樋口靖洋新監督の招聘《しょうへい》、朴一圭主将のＪ１横浜Ｆ・マリノスへの移籍、主力の退団と残留、そして期待の新戦力の加入…。

チームは家族であり、「生き物」だ。プロである以上、変化が無い訳がない。新聞記者はその軌跡を残していくのが役目だ。だからこそ18年シーズンの最後を写真に収めて、目に焼き付けておきたかった。「サッカー不毛の地」「弱小県」などと揶揄《やゆ》されてきた沖縄サッカー界のために戦い、未来もピッチで切り開いてくれた18年チームのメンバー一人一人の表情を忘れないように。

優勝を決めた11月3日の試合後会見で、金監督がこれまでの15年に思いを巡らせながら「チームというのは多くの人々の力でつくっていくものなんだと改めて感じた」との言葉をいまだにかみしめている。

19年。琉球が「J2」という新たな航海に繰り出していく。「超攻撃的サッカー」のバトンは、金前監督から横浜Mなどを率いた樋口新監督に託された。より熾烈《しれつ》な戦いが待つが、県民の力で琉球をより強くしたい。さらに多くの人々がクラブに興味や関心を持ってもらえるよう尽くすつもりだ。

この15年間のクラブの歴史を「紆余《うよ》曲折」「多難」などと表現したが、よりしっくりくるのは「試行錯誤の歴史」だったということだろう。これまで琉球に関わり続けた人々のことも忘れてはいけない。

昨年末にチームを去ることが発表された元日本代表FWの播戸竜二選手のメッセージを紹介したい。播戸選手はシーズン開幕前から「J3優勝」を公言してはばからなかった。だからこそ、彼が残した言葉には説得力がある。

「沖縄という土地、FC琉球というチームには、本当に高いポテンシャルがあると思います。沖縄の人達がチカラを合わせて進んでいけば、J1で優勝争いが出来るチームになると思います。その為には、沖縄の人達、沖縄の企業、沖縄県全体で、クラブを応援していかないといけないと思いますし、それが出来ると思います！」（原文ママ、クラブホームページから）。

沖縄サッカーの未来に向けて―。その言葉を信じてＪ２でも力を合わせたい。

そして琉球が近い将来、Ｊ１の舞台に上がった際、一緒に応援歌「琉球愛歌」を歌いましょう。声高らかに。ベンガラの「誇り」を胸に。

（運動部・新垣亮）

【マ】

【ヤ】

【ラ】

【ワ】

【サ】

【タ】

【ナ】

【ハ】

人名索引

本索引は，本書に出てきた人名を抽出し，単純五十音順に配列している。執筆者の名前は省略，キャラクター，サポーターグループ，スポンサーなど一部団体名も掲げている。ノンブルの太字は写真掲載のページを意味している。

沖縄タイムス・ブックレット 21
奇跡のクラブ　ＦＣ琉球
　Ｊ３制覇・Ｊ２昇格の記録と 15 年間の軌跡

2019年１月25日　初版第１刷印刷
2019年２月15日　初版第１刷発行
編　者　沖縄タイムス社
発行人　武富 和彦
発行所　沖縄タイムス社
〒900-8678 沖縄県那覇市久茂地 2-2-2
TEL098-860-3591　FAX098-860-3830
印刷所　株式会社東洋企画印刷

ISBN978-4-87127-521-7 C0475